国家自然科学基金青年项目
（项目编号：71302026）
中央高校基本科研业务费专项资金项目
（项目编号：BLX2012009；JGTD2015-07）
共同资助

关系、参考群体行为和销售人员灰色营销决策

彭茜 ◎ 著

北京理工大学出版社
BEIJING INSTITUTE OF TECHNOLOGY PRESS

内容提要

本书根据灰色营销以及销售人员的特点，在营销道德及灰色营销相关理论的基础上，针对前人在营销道德研究中存在的问题和不足，在中国经济和文化环境下，以中国企业间购销关系为研究平台，从卖方的角度展开灰色营销研究，主要关注关系和组织因素中的参考群体行为对销售人员灰色营销行为决策的影响作用，以及个人因素即行为合理化和特定的情境因素即时机在灰色营销行为决策中可能产生的权变作用。本书的研究有助于营销道德领域的研究者了解这一领域的研究现状，有利于企业的管理者在从事营销活动时更好地了解灰色营销背后的真正原因并采取相应的措施来规避有道德问题的行为，并为我国企业管理者制定相关的道德政策以及政府政策决策者制定相关的法律规范提供理论依据。

图书在版编目（CIP）数据

关系、参考群体行为和销售人员灰色营销决策 / 彭茜著.—北京：北京理工大学出版社，2017.3

ISBN 978-7-5682-3875-5

Ⅰ.①关…　Ⅱ.①彭…　Ⅲ.①市场营销学－商业道德－研究　Ⅳ.①F713.50 ②F718

中国版本图书馆CIP数据核字(2017)第065028号

出版发行 / 北京理工大学出版社有限责任公司
社　　址 / 北京市海淀区中关村南大街5号
邮　　编 / 100081
电　　话 / （010）68914775（总编室）
（010）82562903（教材售后服务热线）
（010）68948351（其他图书服务热线）
网　　址 / http://www.bitpress.com.cn
经　　销 / 全国各地新华书店
印　　刷 / 北京紫瑞利印刷有限公司
开　　本 / 710毫米×1000毫米　1/16
印　　张 / 11
字　　数 / 190千字
版　　次 / 2017年3月第1版　2017年3月第1次印刷
定　　价 / 68.00元

责任编辑 / 李玉昌
文案编辑 / 刘　派
责任校对 / 周瑞红
责任印制 / 边心超

前言
PREFACE

灰色营销是指发生在推销中的请吃、请玩、送礼、给回扣、拉关系等有道德问题的营销方法或营销行为。它与其他有道德问题的营销方法相比不同之处在于：销售和采购双方都存在一定的道德问题，都会在一定程度上为使自己获利而损害他人的利益或社会公平。基于此，灰色营销中买卖的双方成为“利益共同体”，都不会因为道德上或是法律上的问题而揭发或告发对方。这就使得灰色营销行为在企业的营销实践中很难得到有效的遏制，甚至演变成为企业在产品推销活动中的一种“潜规则”，不参与这些灰色营销行为反而会被看作不懂规矩。虽然这些现象不是中国特有的，但是在中国尤为严重。灰色营销是企业的一种不正当的竞争手段，它会减少消费、抬高市场价格，导致社会资源的配置不合理以及商业腐败，还会毒化社会风气等。因此，灰色营销已经作为一个突出的商业和营销道德问题摆在了社会和企业的面前。

本书先对营销道德理论中的2种方法、6个有代表性的道德决策模型、营销道德决策的影响因素以及灰色营销相关理论和实证研究进行了文献回顾；再在总结现有研究的成果和不足的基础上，以中国企业间购销关系为研究平台，从卖方的角度，建立一个以私人关系和参考群体行为（组织因素）为前因，以销售人员的灰色营销道德判断为中间变量，以灰色营销行为倾向为结果，以个人因素即行为合理化和特定的情境因素为调节变量的一个权变的灰色营销概念模型并提出研究假设；然后，在现有文献的基础上，设计调查问卷，进行问卷调查。之后，本书利用从企业中收集的240名销售人员的数据，采用因子分析、结构方程模型、多层次回归分析等统计方法对概念模型的18个假设进行了检验，实证检验结果支持了13个假设。最后，本书对研究假设的结果和意义进行了深入讨论。本书所做的创新性工作概括如下：

第一，本书以购销关系为平台，从销售人员的视角构建了一个新的灰色营销决策的权变模型，考察了私人关系和组织因素即参考群体行为对销售人员灰色营销决策的影响作用，以及个人因素即行为合理化和特定的情境因素即时机在销售人员灰色营销行为决策中可能产生的权变作用。对于权变作用的关注，揭示了灰色营销行为决策发生的条件，有助于更好地理解销售人员的决策过程并预测其行为，是对现有灰色营销行为决策研究的有益补充。

第二，检验了关系状态对销售人员灰色营销道德决策的影响作用。之前的营销道德研究虽然强调了买卖双方的人际关系对于营销道德行为决策的重要影响作用，但是这些为数不多的研究针对的是一般性营销道德问题，并没有关注灰色营销即买卖双方都参与且都有道德问题的行为，而买卖双方的人际关系对于灰色营销这种特殊的营销道德行为的影响作用可能更为复杂和显著。因此，本书研究关系状态对销售人员灰色营销行为决策的影响，扩展了营销道德和灰色营销决策中的研究内容，弥补了现有研究在营销道德和灰色营销道德决策中研究关系作用的不足，也加深了对关系的影响作用的了解。

第三，检验了组织内和组织外参考群体行为对销售人员的灰色营销道德决策的影响。之前针对一般性营销道德问题的研究，将参考群体分为组织内参考群体和组织外参考群体两类，并认为有重要影响的参考群体的态度和行为会对决策者的营销道德决策有很重要的影响。灰色营销的特殊性以及销售人员的边界跨越性，决定了销售人员的灰色营销道德决策更多地会受到对销售人员有重要影响的参考群体的态度和行为而不是制度和规范的影响。而针对灰色营销的文献中，很少有研究检验参考群体行为对灰色营销决策的影响作用，只发现了一篇文章检验了买方即外部参考群体的影响，但是这一研究既没有考虑组织内参考群体的行为也没有检验另一重要的组织外参考群体即同行或竞争者在灰色营销决策中的影响作用。因此，本书在探讨企业领导和同事以及同行这些参考群体的影响作用，能够弥补这一缺陷，完善灰色营销以及营销道德领域的相关研究，并为企业的灰色营销道德管理实践提供借鉴。

第四，检验了特定的情境因素和个人因素在销售人员的灰色营销道德决策中的权变影响。此前对于灰色营销道德的研究关注了个人、组织和环境因素对决策者的灰色营销行为决策的影响，为了解销售人员的灰色营销道德行为决策过程，以及发展营销道德理论作出了贡献。而之前的研究对于特定情境因素的研究不多，即使研究了情境因素，也只是检验其对灰色营销行为决策的直接影响，而没有关注情境因素和其他因素的交互作用所产生的影响作用。此外，这些研究也很少考虑个人行为合理化这一变量的影响作用，特别是其权变作用，这对于揭示销售人员主动参与到存在道德问题的营销行为中去的内在原因和驱动力是很有帮助的。特定情境因素和个人因素的权变作用所引起的销售人员灰色营销道德决策过程中各个变量间相关关系的强弱程度变化，能够加深对于灰色营销决策过程及其成立的条件的理解。因而，本书对于个人和情境因素权变作用的关注，不仅丰富了灰色营销道德研究的内容，而且揭示了灰色营销行为决策发生的条件，有助于企业管理者更好地理解销售人员的决策过程并预测其行为，且为企业的灰色营销道德管理实践提供指导。

由于笔者水平有限，书中如有不足之处，敬请使用本书的师生与读者批评指正，以便修订时改进。

著 者

目 录
CONTENTS

1 绪 论

1.1 灰色营销研究背景

销售人员是企业产品销售和推销的执行者，在企业中扮演十分重要的角色[1]。他们是企业的代表者[2]，也是企业和市场的联系者，是市场信息的主要来源[3]。他们将企业的产品和(或)服务销售给组织用户或目标顾客，从而为企业带来订单，获取收益[4]。不仅如此，由于越来越多的采购企业和采购人员在进行采购决策时，开始考量企业的道德信誉，很多企业将道德作为一个重要的销售点，因此销售人员也成为企业道德形象的代表[5]。销售人员对道德的重视会帮助销售企业开发新顾客，维持和加深与现有顾客的关系，促进组织绩效的提高，从长期来看会促进企业的成功[6]。销售人员不道德的行为会使销售部门和其他部门都遭受损失，影响顾客的满意度，破坏顾客关系，降低顾客保留率以及减少销售量[7]，最终影响企业的利润。销售人员的道德问题，在商业和营销道德领域中备受争议，他们常常被贴上不道德的标签，被认为是商业活动中最不道德的人群[8]，经常参与到有道德问题的行为中。这一方面是因为销售人员作为企业与外界接触的触角，更容易受到公众的监督；另一方面是因为边界跨越者的角色使其常常会受到各个利益相关者的影响，从而会面临严重的道德问题的考验以及道德冲突[9]。例如，在绩效的压力和激烈的市场竞争环境中，销售人员需要判断和决定是否应该给买方的采购人员某种形式的利益以影响其采购决策。当买方有要求或与买方建立长期关系的情况下，这种道德的考验和冲突尤其严重[10~12]。

灰色营销是指发生在推销中的请吃、请玩、送礼、给回扣、拉关系等有道德问题的营销方法或营销行为[13]。灰色营销与一般营销的本质差别表现在：灰色营销中，买方(如企业或政府部门)的利益部分地被其采购代理人侵占了，并且灰色营销会影响采购代理人的购买决策，使决策有利于采用灰色营销的卖方[14]。虽然灰色营销可以使买卖双方的某一部分个人或利益集团受益，但是灰色营销也会带来巨大的社会成本，使企业、消费者、竞争者及其他的利益相关者蒙受严重的损失。灰色营销作为一种不正当竞争的手段，其主要危害表现在：导致社会资源的不合理配置；导致商业腐败；抬高价格，减少消费；毒化社会风气等[15]。

灰色营销大量存在于企业的营销活动中。例如，2002 年，美国的一项调查表明：在被调查的 249 位企业销售经理中，有 89%承认他们的销售人员在销售过程中有送礼行为，并且超过美国推销行业协会所规定的 100 美元；有 20%承认他们的销售人员使用回扣或变相的回扣手段进行推销[16]。另外，美国的医疗器械制造行业中也普遍存在各种灰色营销行为，一些行业组织，如 HHS(Health and Human Services)和 Advamed(先进医疗技术协会)，分别于 2003 年和 2005 年制订了一些相应的行规，用来规范和指导企业的销售行为[17,18]；Collines 等人 2009 年的研究指出印度的企业高层管理者在与政府的交易中常常会参与到送礼、给回扣等行为中[10]；马其顿的管理者和销售人员在营销活动中也会有给回扣的行为发生[19]；在中国，朗讯公司于 2004 年，出资为电信运营商高层管理安排“访问”美国夏威夷、拉斯维加斯、大峡谷、迪士尼乐园和纽约等地[20]；德普公司于 2005 年，向国有医院医生给回扣，用来换取医院购买德普公司的产品[20]；力拓公司于 2009 年，为“沟通感情”，曾邀请中国钢企人士观看奥运并请著名女歌手献唱[21]等。虽然灰色营销不是中国特有的，但是在中国更为严重和普遍，它甚至已经成为一些行业中产品销售的“潜规则”，如在医药行业中，不使用这些方法常会被认为是不懂规矩[13,22]。

灰色营销与一般性有道德问题的营销行为(例如，在营销渠道中存在的“窜货”[23]或平行进口问题[24]、虚假或误导性的广告[25]、虚假降价[26]及销售人员的费用虚报问题[27])相比，其不同之处在于：灰色营销是一种买卖双方都存在道德问题的营销行为，买卖双方都会在一定程度上通过损害或占用他人的利益或社会的利益而使自己获利。灰色营销的这一特点决定了灰色营销的双方是“灰色利益共同体”，双方都不会因道德或法律问题告发对方，这也使得灰色营销活动在营销实践中很难通过社会舆论的谴责或法律方式而得到有效的遏制[28,29]。因此，灰色营销更多地要依靠道德约束。

为了抑制销售人员的灰色营销行为，政府出台了相应的法律法规，如中国于 1993 年颁布的《中华人民共和国反不正当竞争法》中的第二章第八条规定回扣是违法行为，但由于灰色营销的独特性(如前所述的卖方和买方是利益共同体)，使得政府部门难以取证并通过法律手段抑制灰色营销行为。行业协会也尝试制定规范和标准来净化行业环境，以避免同行间通过不道德手段进行的恶性竞争。例如，美国 AMA 协会制定了行业道德规范，为企业道德政策制定提供借鉴，但这对行业中有道德问题行为的约束力还是不够。企业也大多制定了严格的道德规范、道德政策和对不道德行为的惩罚措施，但是一方面由于相对于企业中的其他成员，销售人员的工作比较独立自主，工作地点远离企业，受企业的监督和控制较少，因此企业想通过制度来管理和控制他们的行为相对比较困难[5]；另一方面由于企业和销售人员的利益相容[13]，企业管理者可能会对销售人员的灰色营销行为采取默许甚至支持的态度，反而加剧了销售人员的灰色营销行为[30]。

简而言之，灰色营销在企业的营销实践中大量存在，但是企业和政府缺乏有效的方法抑制这种行为。对灰色营销行为进行专门的研究，有助于揭示这种现象背后的深层原因，为企业和政府制定相应的措施和政策提供理论依据。

从理论上讲，灰色营销属于营销道德的范畴。与营销道德研究类似，国内外学者对于灰色营销的研究主要有两个方面。早期的研究关注和对比不同群体，如销售人员、采购人员和公众对不同灰色营销行为的道德认知和道德判断[31]。例如，Dubinsky 和 Gwin 所进行的销售人员和采购人员关于灰色营销道德问题认知差异的比较研究[32]；庄贵军等人(2004，2006)[33,34]的研究发现公众对于推销中不同的灰色营销手段有不同的道德评价。之后，人们更多地关注营销人员的灰色营销道德决策过程，建立灰色营销的道德决策模型。例如，Zhuang 和 Tsang (2008)建立了灰色营销决策模型[13]，并检验了对灰色营销决策可能产生影响的因素，包括个人因素中的人口统计特征，如性别[34]、年龄[35]、教育培训[14]和道德价值观或道德水准[33]等；组织因素，如控制体系[36]、企业奖罚[33]或默许[30]、道德规范[37]等。这些研究强调了个人和组织因素的重要性及其对灰色营销道德决策的影响作用，为理解灰色营销道德决策过程、发展灰色营销及营销道德理论做出了贡献。

然而，这些研究还存在一些问题。

第一，这些研究忽略了一些很重要的影响因素，如行为者之间的关系[11]、对行为者有重要影响的参考群体，特别是组织外参考群体[38,39]。道德行为的本质是一种社会现象，涉及对利益相关者的考量，以及行为者之间的关系[40]。中国文化带有集体主义性质，注重人与人之间的关系，处于中国文化背景下的销售人员会更多地关注他人的态度和行为，也会更在意与他人之间的关系[41]。因此，在中国文化背景下，销售人员的道德行为会更多地考虑买卖双方的人际关系和参考群体的态度与行为。这使买卖双方的人际关系和参考群体成为影响中国销售人员进行灰色营销行为决策的重要因素。

第二，虽然有学者在研究一般性营销道德问题时强调了买卖双方的人际关系对于营销道德决策的影响作用[10,11]，并认为人际关系是取得商业成功，特别是在中国取得商业成功的决定性因素[42]，但是还没有人检验过买卖双方的人际关系在销售人员灰色营销行为决策中的影响作用。灰色营销和一般性营销道德问题不同，是买卖双方都有道德问题的行为，买卖双方都参与其中，所以，与一般性营销道德问题相比，买卖双方的人际关系对于灰色营销问题的影响可能更为复杂和显著[29]，对于“一般性营销道德”问题的研究不能代替灰色营销问题的研究，因此，在以关系为导向的中国文化中，关系对于销售人员的灰色营销行为决策的影响作用还需要进一步检验。

第三，参考群体分为两类：组织内参考群体和组织外参考群体。前者是指企业内的同事、上司及高层管理者；后者则是指对决策者有重要影响力的企业外部的相关人员[39]。在针对一般营销道德的研究中，有一些学者认为与制度规范相比，参考群体对具有边界跨越性特点的销售人员道德决策的影响作用可能会更大[5]。而此前对于灰色营销的研究中却很少关注参考群体的影响作用，仅发现一篇文章检验了组织外买方参考群体行为的影响[43]，缺乏对组织内参考群体行为以及组织外同行或竞争者行为影响作用的研究[38,44]。

第四，此前的研究仅关注个人、组织等因素对决策者的灰色营销决策的直接和间接的影响，而没有考虑一些影响因素对决策过程可能产生的权变作用，如个人和情境因素在灰色营销道德决策中的调节作用[38,45]。这可能会降低决策模型对灰色营销行为决策的解释程度。例如，有学者认为，即使个人对于某一行为的道德判断是一定的，群体和群体规范也给予支持或个人有机会参与有道德问题的行为，这一行为也不一定会发生。只有当个人能够合理化有道德问题的行为，认为这一行为可以接受时，有道德问题的行为才有可能发生，即个人对行为的合理化可能会对有道德问题的行为起到内在推动作用[46]，会调节决策者的道德决策过程。另外，一体化社会契约理论强调了情境因素在道德决策中的重要作用[47]，认为不同的情境下，各个因素对于道德决策的影响作用可能不同。Trevino[45]和Ferrell、Gresham(1985)[48]等人提出的营销道德决策模型中都认为个人和情境因素对营销道德决策会有权变的作用。这些因素的权变作用可能会改变决策者的灰色营销行为决策过程中各变量之间关系的强弱，有助于扩大对灰色营销行为决策过程及其成立条件的理解，更好地解释之前研究结果中存在的矛盾[38]。然而，之前仅发现有一篇文章关注了订单大小这一特定情境因素对于销售人员灰色营销行为决策的直接影响[13]，并没有关注个人和特定情境因素可能产生的调节作用。

针对以上问题，本书以营销道德和灰色营销相关理论为基础，在中国文化环境下，从销售人员的角度检验关系和组织因素即参考群体行为对灰色营销行为决策的影响作用，以及个人因素即行为合理化和特定的情境因素即时机在销售人员灰色营销行为决策过程中的权变作用。

1.2 研究视角与研究问题

通过上述分析可以看出，在理论上，灰色营销属于营销道德的范畴，有着丰富的文献研究积累，但仍然存在对于影响因素研究不足，没有考虑影响因素对于灰色营销道德决策的权变作用而造成决策模型的解释力不足的问题，具有改进的空间。在实践中，由于灰色营销在中国普遍存在且难以有效遏制，对于灰色营销道德决策以及影响因素的研究，将会为企业管理者管理企业的有道德问题的营销行为提供依据。因此，本书将在中国文化环境下，以购销关系为平台，从销售人员的视角来研究灰色营销行为决策过程及其影响因素。具体来讲，主要有以下 3 个研究问题：

第一，在中国的文化环境下，买卖双方的人际关系对销售人员的灰色营销行为决策有怎样的影响？关系是中国文化的标志性特点，在很大程度上体现中国人的生活本身，是人们参与社会的一种资源和便捷的路径[49]，被认为是在中国社会中取得商业成功的一个决定性因素[42]。此前人们注意关系对决策者道德决策的影响[29,50～57]，但缺乏对于关系在灰色营销道德决策中的研究。本书首先检验买卖双方的人际关系对销售人员灰色营销行为决策的影响。

第二，在中国的文化环境下，组织内和组织外参考群体对销售人员灰色营销的行为决策有怎样的影响？销售人员的边界跨越的特性以及灰色营销的特殊性，决定销售人员的灰色营销道德决策更多地会受到对销售人员有重要影响的参考群体的态度和行为而不是制度和规范的影响[5]。例如，企业中的领导者和同事对灰色营销的态度和行为为销售人员的灰色营销行为提供了参考，同行的灰色营销态度和行为，特别是在竞争激烈的市场条件下，同行的行为和态度会激发销售人员的灰色营销行为决策[58]。然而，之前对于参考群体对灰色营销影响作用的研究很少，仅发现一篇关注了组织外一种参考群体即买方的作用，而没有关注组织内参考群体和组织外另一种参考群体即同行或竞争者的作用。

第三，个人和情境因素对于销售人员的灰色营销道德决策是否具有以及有怎样的调节作用？虽然人们意识到灰色营销行为是有道德问题的[13,33,34]，甚至有些灰色营销行为违反了中国法律(如《中华人民共和国反不正当竞争法》第二章第八条规定回扣是违法行为),但是灰色营销在中国的营销实践中仍然大量存在。这可能是由于个人对行为的合理化会对有道德问题的行为起到内在推动和调节作用[46],此时,销售人员会忽略个人对行为的态度以及法律和制度的约束而参与到有道德问题的行为中。而之前对于个人因素即行为合理化的研究在营销道德领域中的研究应用得较少,在灰色营销领域则没有涉及,并且没有关注行为合理化可能产生的权变作用。此外,一体化契约理论强调了特定情境因素在决策者的道德决策中的重要作用,认为决策者的道德决策取决于特定的情境[47]。而之前的研究对于特定情境因素的关注很少,更没有关注情境因素可能产生的调节作用。

针对本书的研究问题,本书主要研究的内容如下:

首先,本书将会在营销道德理论和灰色营销理论等相关理论的基础上,分析灰色营销行为决策过程,并且考察相关的影响因素,进而依据相关的理论构建一个关系、参考群体行为、个人和特定情境因素对销售人员灰色营销行为决策影响的权变概念模型。

其次,通过问卷收集数据,对提出的概念模型进行实证检验,具体检验关系和参考群体行为对销售人员的道德判断以及灰色营销行为倾向的影响。

最后,考察个人和情境因素,即行为合理化和时机对于销售人员灰色营销行为决策过程的调节作用。

1.3 研究的理论贡献

第一,本书以购销关系为平台,从销售人员的视角构建了一个新的灰色营销决策的权变模型,考察了关系和组织因素即参考群体行为对销售人员灰色营销决策的影响作用,以及个人因素即行为合理化和特定的情境因素即时机在灰色营销行为决策中可能产生的权变作用。对于权变作用的关注,揭示了灰色营销行为决策发生的条件,这有助于更好地理解销售人员的决策过程并预测其行为,是对现有灰色营销行为决策的有益补充。

第二,关注了关系状态对销售人员灰色营销道德决策的影响作用。虽然有学者在研究一般性的营销道德问题时强调了买卖双方的人际关系对于营销道德决策的影响作用[10,11],但是还没有人检验过买卖双方的人际关系在销售人员灰色营销行为决策中的影响作用。灰色营销的特殊性即买卖双方都有道德问题的行为,买卖双方都参与其中，这决定了与一般性营销道德问题相比，买卖双方的人际关系对于灰色营销问题的影响可能更为复杂和显著[29]，对于“一般性营销道德”问题的研究不能代替灰色营销问题的研究，因此，本书研究关系状态对销售人员灰色营销行为决策的影响，弥补了此前在灰色营销决策中研究关系作用的不足，也扩展了灰色营销和营销道德决策中的研究内容，加深了对于关系的影响作用的了解。

第三，关注了组织内参考群体和组织外同行行为对销售人员灰色营销道德评价和行为倾向的影响，能够弥补此前灰色营销研究中存在的缺陷。如前所述，之前针对一般性营销道德问题的研究强调了组织内和组织外参考群体行为在营销道德决策中的作用[5]，销售人员的边界跨越的特性以及灰色营销的特殊性，决定了销售人员的灰色营销道德决策更多地会受到对销售人员有重要影响的参考群体的态度和行为而不是制度和规范的影响，而针对灰色营销的文献很少涉及参考群体的影响，仅发现一篇文章检验了外部的参考群体即买方的影响[43]，但是他们既没有涉及组织内参考群体的影响作用，也没有涉及组织外同行或竞争者的影响作用。因此，本书在探讨了企业领导和同事以及同行的影响作用，能够弥补这一缺陷，完善灰色营销以及营销道德领域的相关研究。

第四，关注了行为合理化和特定的情境因素在销售人员灰色营销行为决策过程中的调节作用。而之前的灰色营销决策研究对于特定情境因素的研究不多，仅发现一篇关注了订单大小这一特定情境因素对灰色营销行为决策的直接影响，而没有关注情境因素和其他因素的交互作用所产生的影响作用。此外，这些研究也没有考虑个人行为合理化这一变量的影响作用，特别是其权变作用。行为合理化的影响作用能够更好地解释销售人员主动参与到有营销道德问题的行为中的内在原因和驱动力。特定情境因素和个人因素的权变作用所带来的销售人员灰色营销道德决策过程中各变量之间关系的强弱变化，有助于扩大对灰色营销道德决策过程及其成立条件的理解。因此，本书对于行为合理化和情境因素权变作用的关注，可以弥补这一缺陷。其不仅丰富了灰色营销道德研究的内容，而且揭示了灰色营销行为决策发生的条件，有助于营销道德理论的发展。

2 理论基础

2.1 营销道德

道德(Ethics)一般是指规范行为是非的惯例或原则[59]。营销道德是规范营销活动和营销决策；处理营销过程中各利益方相互关系的准则，是指构成交换过程的基本道德标准[60]，研究的是道德标准是如何运用到营销决策、行为和制度中的[60]。营销常常被认为是企业最不道德的职能部门，因为营销人员需要和外部各个利益相关者相联系，一方面，会面临很多道德困境，需要做出道德决策；另一方面，更容易受到公众的监督。此外，在这一领域的不道德行为的发生，会对社会和公众造成很严重的影响，如西门子贿赂案以及我国的三聚氰胺事件。因此，营销道德问题一直备受国内外学者和各界的关注。

营销道德文献可以分为两类：规范性方法和实证性方法[38]。规范性方法以哲学或理论为基础，运用道德原则和道德判断的方法来鉴别正确的或错误的行为。规范性的营销道德研究关注于诊断决策者在面对道德问题时应该如何做的问题。营销领域需要规范性的理论来指导决策者对道德问题的评估[61]。实证性方法以心理学为基础，包括描述或模型化道德决策制定[48,62]，以及对不同群体道德态度或道德行为的实证性的研究。实证性的营销道德关注决策者在实际面临道德困境时是如何做决策的问题。实证性的研究有助于管理者预测可能发生的有道德问题的行为，因此可以及时采取措施促进营销道德行为的发生。这两种方法代表了研究营销道德的不同的视角，对营销道德研究的发展都有着非常重要的作用[38]。

因此，本书主要从规范性方法和实证性方法两个方面来分别回顾国内外营销道德的相关研究文献，通过相关研究文献回顾，一方面，理清国内外营销道德研究在规范和实证两种方法中的理论发展及其内容和方向，以此作为本书的理论基础；另一方面，分析国内外学者在营销道德理论研究上存在的问题和不足，为本书今后的研究打下基础。

本书先从整体上回顾了国内外学者在规范性和实证性两个方面的研究进展；

接着，专门针对实证性方法方面的营销道德决策相关内容进行进一步的分析和梳理；最后，回顾灰色营销这种特殊的营销道德问题的相关研究文献。

2.1.1 规范性方法

规范性方法，也称为哲学的方法，试图揭示、开发和明确道德体系中基本的道德原则或基本的价值观以及道德判断的方法，并为“什么是正确或错误的行为”提供准则和评判[38]。如前所述，这种方法关注决策者在面临道德困境时应该做什么的问题。西方学者认为评判行为道德与否的道德价值观可以通过哲学中不同的道德理论体现和区分出来。

(1)道德理论。道德理论通常可以被分为三类[61,63]，见表 2-1。

第一，结果理论又称为目的论，是指仅关注行为结果的道德理论。目的论的观点认为某一行为道德与否是由其带来的结果所决定的。一个行为比起其他的行为带来的善的结果的比例大于恶的结果，就是道德的行为。在决策时根据为个人还是为行为中涉及的社会中所有的人带来善的结果，产生了两种主要的结果性理论：利己主义和功利主义。

第二，非结果理论又称为道义论，是指关注行为本身的道德理论。道义论的观点认为某一行为是否合乎道德取决于该行为本身内在的正确性。换言之，是行为的某些特性而不是该行为所产生的后果决定了行为是否正确或正当。这些非结果理论包括康德哲学、黄金准则、公平理论、形式主义、美德和客观主义。

第三，混合理论，是指既关注行为本身也关注行为结果，并且具有多重标准的道德理论。混合理论认为某一行为的道德性不仅是由行为本身决定，也需要考虑行为带来的结果，仅考虑一种规则是不够的。在特定的情境下，最重要的是要考虑不同原则之间的相对重要性以做出最好的判断。这些理论包括显要义务、相称理论和道德的相对主义。

表 2-1 道德理论分类

道德理论	特点
1 目的论 Teleology	鼓励人们对某一情形下的行为的善、恶后果进行审视和评价。目的论者认为一种行为只有在其后果善恶相抵后的“净善”优于其他行动方案的情形下，该行为才是合乎道德的

续表

道德理论	特点
1.1　利己主义 Egoism	基于个人利益好坏的道德准则，决策者追求自己利益的最大化。某一行为只有较其他行为对决策人产生更好的结果或带来长期的最大利益时，才是正当的或道德的
1.2　功利主义 Utilitarianism	目的论的另一种形式。它的目的是实现决策者个人以及社会成员的利益。某一行为的结果应该使每个社会成员的利益最大化或带来的伤害最小
2　道义论 Deontology	和目的论的评价方式不同，道义论关注行为的意图和方式以及善和恶的普遍原则；而目的论在决策中只关注善的结果，会忽视普遍的原则。决策本身是这些理论所考虑的属性，行为结果不在评价的范围中
2.1　康德哲学/基于责任的方法 Kant's Philosophy/Duty-Based Approach	在希腊道德哲学的基础上由康德加以扩展，是纯道义论的最初的阐释，试图在道德决策中剔除对结果的考虑，仅考虑行为本身。这个理论强调了人们在任何情况下都需要遵守的道德责任以及“善的意图”这一概念
2.2　黄金准则 Golden Rule	己所不欲，勿施于人
2.3　公平理论 Justice Theory	基于机会均等和有条件违反原则。社会中的每个成员在机会、财富和压力面前都是平等的，但是也定义了什么样的不平等是可以接受的，以及可以违背平等原则的条件
2.4　形式主义 Formalism	关注权利和相关的道德意图。拒绝与结果相关的效用，强调行为本身以及特定的绝对的权利，包括思想的自由、隐私的自由、言论的自由以及相应的过程的自由
2.5　美德 Virtue	核心是在道德决策中追求美德。其目的不是对道德问题做出回应而是思考为了个人或组织的理想的未来以及社会的福利应该做些什么。质疑和试图引进道德准则或规范的这种过程会带来更为道德的决策
2.6　客观主义 Objectivism	大部分善的道德和道德行为仅存在于完美世界中。在这种情况下，鼓励决策者至少要努力做出道德的决策并反对不道德的行为，并尝试为道德行为建立一般性的原则

续表

道德理论	特点
3 混合理论 Hybrid Theory	这些理论考虑了现实情境的模糊性，认识到了很多道德困境中的灰色地带；通常仅仅应用单一的道德标准或理论是不能满足实际情况的要求的。混合理论强调了道德情景中的决策过程，如进行判断和制定决策等
3.1 显要义务 Prima Facie Duty	衡量和决定哪个义务是最关键或重要的。6 类显要义务是忠诚、感恩、公正、仁慈、自我完善和不做恶
3.2 相称理论 Proportionality Theory	将意图、手段和结果结合成一个体系。个人对自己的意愿、方式或结果负责，如果个人意愿的方式和结果本身是好的，那么当且仅当有相称的理由时，在道德上才可以允许或冒险让可预见的非意愿的影响发生
3.3 道德的相对主义 Moral Relativism	没有绝对的对与错，不能根据道德性或正确与否来评估行为；不同文化中评估行为的标准是不同的

在面临实际的道德情境时，仅使用目的论或道义论都会或多或少地遇到问题。就目的论而言，首先，对于应该使个人、社会还是群体获得的“善”达到最大化的问题上学者们存在分歧；其次，在使大多数人得到最大化的利益这一问题上，学者们质疑行为人是否有能力预测和测量其行为的所有可能后果及影响到的各个方面；最后，有学者认为“善”的结果的最大化可能是以牺牲某些人或某些组织的利益为代价的或以极不公正的方式在社会成员之间进行分配，这对牺牲的那部分人或组织来讲是不公平的。就道义论而言，它同样存在一些问题：一方面，要发展不存在任何例外情况的道德准则几乎是不可能的；另一方面，道德准则之间也可能存在冲突。例如，在信守诺言与公正原则发生冲突的情况下，存在两个道德准则的次序优先问题。

此外，决策者在实际的道德情境中进行决策时，会有多种可选方案。决策者可能不会简单地运用一种原则或一次运用所有的理论原则，而是评估和比较多种可选的原则，并同时考虑决策本身的道德性和结果。

基于以上问题，学者们提出了混合理论，并鼓励在评估中融合各种相关的原则且通过每个决策过程来调整最终的决策。混合理论最大的贡献不在于它所包含的具体的道德理论是什么，如显要义务、相称理论和道德的相对主义，而是在于它提出的思想，即关注行为和结果，并且具有多重标准的这一观点，对后来的研究者有很大的启发作用。混合理论的提出不但有助于学者了解和开发更有实践意义的道德决策过程，而且促进了实证性方法的发展[64]，如 Hunt 和 Vitell (1986)[62]认为决策者的道德判断是由道义论和目的论来决定的，并在这两大理论基础上建立了一个实证性的营销道德决策理论模型以进行实证检验。

(2)规范性的道德模型。规范性方法的贡献体现在：概念化道德困境中决策者该如何做出道德的决策；提供道德准则，并将这些准则应用到道德情境的规范性决策模型中，用以鼓励决策者做出道德的决策；提升决策者的能力。

在营销道德文献中，一些学者开发了规范性的框架和理论，试图为营销行为提供指导并建立道德体系以降低不道德行为发生的可能性。有的学者将一种或多种经典的道德理论运用到营销道德困境中，包括康德哲学、美德、功利主义、公平和社会契约理论等。例如，表 2-2 中列出的框架以一种道德理论作为决策的基础；Cavanagh et al(1981)[65]开发的决策树，要求行为者的决策要通过功利主义、道德权利理论和公正性理论这三种理论的检验；相似的，Laczniak and Murphy (1993)[66]的框架包括显要义务、相称原则和公平理论，并运用了一些问题来评估营销实践的道德性。如果对这些问题的回答都是否定的，那么行为就可能是道德的。

另外一些学者认为，在不同的社会和文化背景下有不同的道德标准，很难确定出一个单一的明确标准(如道德理论)，因此有必要开发一些更具操作性的框架[67]。例如，Robertson 和 Crittenden(2003)[68]的跨文化、宏观的社会道德模型，将道德哲学和评估社会经济学环境的框架相关联。Dunfee et al(1999)[61]使用社会契约理论去弥补规范性方法以哲学为基础的缺陷，将社会契约或规范作为特定群体的社会准则，但是他也承认一些道德哲学中所强调的普遍的原则的存在(超规范)，如公平、诚实等。Smith(1995)[67]认为以哲学为基础的规范性框架的指导作用只有在决策者理解道德理论的情况下才是有效的，而在实际中很多管理者并不了解道德理论。因此，他完全从促进消费者利益的角度来评估商业道德，他的道德模型仅建立在消费者权利的观点之上而不是规范性方法所依赖的重要的哲学基础。规范性道德模型的具体情况见表 2-2。

表 2-2　规范性道德模型的具体情况

现有框架	应用的理论	特点
Buchanan(1988)[69]	功利主义	结果是否使每个社会成员的利益最大化或带来的伤害最小
Williams 和 Murphy(1990)[70]	美德	是否符合对美德的追求以及引入的准则及规范

续表

现有框架	应用的理论	特点
Laczniak 和 Murphy(1991)[71]	道义论	仅考虑行为本身是否符合道德责任
O'Boyle 和 Dawson(1992)[72]	客观主义	抵制不道德的行为，行为是否符合道德行为的一般性原则
Robin 和 Reidenbach(1993)[73]	道德的相对主义	是否符合文化的、组织或行业的及情境中的规范
Hartman(1996)[74]	公平理论	是否符合公平原则和有条件违反原则
Cavanagh et al(1981)[65]	功利主义 道德权利理论 公正性理论	要求决策通过这三种道德理论的检验，除非有“不可抗原因”。不可抗原因可以是情境因素，包括标准之间的冲突、标准中的冲突以及缺乏运用标准的能力
Laczniak 和 Murphy(1993)[66]	显要义务 相称原则 公平理论	行为 A 是否违反了法律； 行为 A 是否违反了一般性的道德义务：忠诚、感恩、公正、仁慈、自我完善和不做恶； 行为 A 是否违反了营销企业的特定的责任； 行为 A 的意图是否是“恶”的； 行为 A 是否会对他人或企业造成很大的伤害； 可选行为 B 是否能像行为 A 一样带来等同的或更多的“善”以及更少的“恶”； 行为 A 是否侵犯了财产权利、隐私权或消费者不可剥夺的权利； 行为 A 是否顾及了那些不太富裕的群体或个人？个人或群体是否处于相对贫困的阶层
Robertson 和 Crittenden(2003)[68]	自我主义 功利主义 形式主义 美德 相对主义	跨文化的宏观框架，将道德理论与用于评估社会经济环境的框架相联系。同时考虑不同的社会、文化背景和最重要的道德理论，以便管理者和政策制定者能够更好地考虑他们的决策以及决策带来的后果

续表

现有框架	应用的理论	特点
Dunfee et al(1999)[61]	超规范社会契约理论	在社会群体网络之间，每个群体能根据不同的社会契约(即社会规范)行事。承认一小部分所有社会能够普遍遵守的原则和标准的存在(超规范)，以限制群体道德自由空间并指导道德和商业决策者的决策。允许不同道德观点的复杂性，用优先原则来解决规范间的冲突
Smith(1995)[67]	消费者权利	消费者独立测试(CST)。测试由 3 个要素构成：顾客能力、信息和选择。顾客能力评估了一个顾客做出决策的能力；信息要素评估信息可获得的程度以及足以让消费者做出决策的程度；选择评估顾客是否有一种以上的选择

规范性框架在实际的应用中也或多或少会存在一定的问题。在运用单一理论作为基础建立框架时，对于哪种道德理论能够更好地指导道德决策，学者们是没有定论的。例如，道义论的方法被认为太过于理想化，常常会与实际的情境发生矛盾；而目的论的方法在检验道德问题时，关注的其实是什么行为是最有效果的，而不是这个行为是否是“对的”；在运用多种道德理论建立框架时，框架对结果的预测能力可能会被降低。因为在相同的背景因素下，不同的决策者依据给定的规范性理论得出的结论可能是不同的甚至会发生矛盾[66]，如公平性原则要求利益的公平性分配，但是这个与股东的财产权利是相矛盾的；另外，不以道德哲学为基础的框架，也存在一定的局限性，如 Dunfee et al(1999)[61]所运用的社会契约理论虽然可以接受不同的道德观点，但是它也需要对社会有高度的一致性的认同，要求决策者有进行决策的足够能力，并能够了解每个人的需求等问题；Smith(1995)[67]的框架由于仅从消费者权利的角度来衡量道德性，所以不可能应用于所有的道德问题。

以上这些问题的存在都表明了现有的规范性方法在为营销领域提供可行的道德准则方面的局限性以及在应用规范性方法时的困难性。也正是这个原因，后来的学者更多地转向实证性方法的研究，关注决策者在实际面临道德困境时是如何做的。但是规范性方法是营销道德研究的基础，关注什么是“对的”的行为，决策者应该如何做等重要的问题，它是评价营销行为道德与否的标准，有助于营销决策者在决策中考虑道德问题，并进行更为道德的决策，是提升和治理企业营销道德水准的关键。

2.1.2 实证性方法

规范性方法以哲学为基础，而实证性方法是以心理学的发展为基础的，关注在实际面临道德困境时，决策者是如何做决策的[38]。实证性方法包括实证或模型化道德决策的制定[48,62]，解释和预测决策者实际的行为，以及对不同群体的道德态度或道德行为进行实证性研究，如营销研究人员或销售人员。实证性的方法被分为认知方法(也被称为认知发展方法)和社会学习方法[75]。认知方法认为不道德行为归因于决策者自身的因素。社会学习方法强调了组织和社会在影响决策者不道德决策和行为时的重要性。

(1)认知方法。认知方法认为需要通过不同形式的，并以一定顺序发展变化的道德判断来研究道德行为。这种方法关注决策的内在过程以及决策过程的各个阶段，特别是决策者的道德判断[76]。

Kohlberg(1969)[77]运用道德认知发展水平(Cognitive Moral Development，CMD)检验道德决策的内在过程。Kohlberg 认为道德认知发展有 6 个阶段，分别属于 3 个水平：第一水平的个人追求自己的利益也遵循规则以避免惩罚，这一水平也是道德发展最不成熟的一个阶段；第二水平的个人以社会可以接受的方式行事，即判断和行为很大程度上受到社会的影响，根据社会利益而不是自己的道德信念做出判断，大部分的个人都处于道德认知发展的第二阶段；第三水平的个人了解不同的道德信念和社会准则的相对性，并遵循自我选择的道德准则。当法律违背这些原则时，个人也会质疑并根据自己的原则行事[75]，这是道德发展的最高阶段。Rest[78]在道德认知发展的基础上，建立了新的 CMD 模型，模型包含 4 个要素：意识到道德问题、做出道德判断、建立道德意图和实施道德行为[78]。模型主要关注的是道德判断对道德行为的预测作用[75]，并用定义问题测试尺度(DIT)[79]来测量个人的道德认知发展阶段，以及影响行为的道德判断。CMD 和 DIT 模型后来被广泛地用于检验营销[75]和其他行业人员的道德判断[80]。

认知方法对于营销道德研究的贡献在于解释了道德决策的过程，并提出道德判断是影响决策者意向和行为的重要原因。但是认知方法由于没有考虑个人差异和不同社会背景中环境因素的影响作用而存在一定的问题。认知方法中的道德判断仅仅是由决策者道德认知发展的道德价值观决定的，没有考虑其他的价值观可能对个人的道德判断产生的作用。此外，决策者行为的道德性是在理想状况下进行检验的，没有考虑外部环境可能会对行为产生阻碍作用。这就会造成道德判断和实际行为不相符合的情况，即道德判断可能不是影响道德意向和行为的最显著的原因。为了弥补认知方法中的缺陷，学者们从社会学习方法中去理解道德情境中的行为。

(2)社会学习方法。社会学习方法认为了解社会状况比进行对道德的理性思考更为重要[75]。与认知方法不同，社会学习方法更多地关注外部因素对道德判断的影响，如文化和社会因素[76]。社会学习方法的研究者着重检验个人差异及其社会背景在决策中的作用。

营销道德研究者在个人差异和环境对道德决策影响方面进行了大量的尝试并开发出了相应的量表[81]，进行了实证研究。总的来讲，影响道德决策的因素主要有个人、环境、道德强度和关系四类。个人因素包括人口统计因素(即性别、年龄、教育水平、国籍、宗教)、个人的思想意识(即道德哲学)、信念、态度、自我强度、环境依赖程度、控制中心等；环境因素包括组织因素(如组织结构、组织文化、组织环境、道德氛围、参考群体或有影响力的其他人、领导方式及行为、奖励和惩罚、规范、组织机遇、组织环境中的其他压力)、社会环境因素(如行业风气、社会习俗、舆论、社会风气)以及法律等；道德强度代表了不同道德问题特点的重要性；关系包括决策者和决策者之间的私人关系，组织和组织之间的关系以及决策者和组织之间的关系等。一些研究表明，环境因素和其他因素相比，会对道德或不道德的行为产生更大的影响[38,82]。

需要指出的是，社会学习的方法并没有否认认知方法中个人道德认知发展对道德决策的影响作用，只是这种方法更加强调外部环境的重要影响作用。可以发现，实证性方法的研究，一方面强调了内、外部因素对道德情境中决策者道德判断的影响作用，即道德判断不仅反映个人的道德价值观或个人的道德信念，还反映了个人特征的差异和环境的影响；另一方面，实证性的方法尝试去了解影响个人和企业决策过程的各种因素，为研究者建立道德决策模型奠定了基础。

(3)道德决策模型。实证性方法的主要贡献在于促进了理论模型的发展，解释决策过程的各个方面，并预测道德行为。大多数的营销道德理论模型都是在Rest的道德认知发展模型基础上，并结合了社会学习方法后发展变化而来的。这些理论模型综合了决策过程的各个方面，涉及个人、环境等方面的因素对决策过程的影响作用。道德决策的理论模型有助于学者和管理者对营销人员的道德行为决策有一个整体的了解。在营销道德领域中运用实证性方法的有代表性的理论模型主要有：Trevino(1986)[45]的个人与情境交互作用模型在Rest的道德认知发展理论模型的基础上，强调了道德决策的个人因素和组织情境因素及其相互作用对于道德决策的影响；Ferrell 和 Gresham(1985)[48]的营销决策模型，强调个人和组织因素的影响；Hunt 和 Vitell(1986)[62]营销道德理论模型包括了影响决策者对道德问题认知的个人经验以及环境因素；Jones(1991)[83]的问题权变模型在 Rest 的四阶段模型的基础上，综合其他营销道德模型后增加了另外一个因素——道德强度；Brass et al(1998)[11]社会网络观点的营销道德决策模型，在 Jones 模型基础上提出了一个新的因素——行为者之间的关系；Powpaka (2002)[58]的计划行为理论模型，是在 Dubinsky 和 Loken(1989)的理性行为理论(TRA，Fishbein 和 Ajzen，1975)角度建立的理论模型基础上增加了感知到的控制这个因素。有关营销道德决策模型的具体阐述，见本书 2.2 节的内容。

2.1.3 国内的营销道德研究

国内学者对于营销道德的研究无论是在规范性还是实证性方面都不是很多。在规范性方法的研究方面，国内学者关注企业营销道德需要遵守的标准以及建立企业营销道德评价体系。虽然国内有学者提出儒家思想，如“先义后利”“以义求利”“义内求财”“货真价实，童叟无欺”“以德为本，本固枝荣”，对我国营销道德行为的判断有着深远的影响，但是更多的学者主要借鉴了西方的道德理论作为评价道德行为的标准，并应用到营销的各个领域，如将道义论和目的论相结合[84]或运用显要义务、相称理论和社会公正理论来判断营销各个环节存在道德问题[85]，在决策时遵守诚实守信、义利兼顾、互惠互利、理性和谐的原则[86]；企业广告需要以道义论、目的论作为道德评价的规范[87]；网络营销中的道德问题，其评价标准是道义论、目的论和相对主义[88]；在对跨国营销中存在的道德问题进行评价时，以道义论、目的论[89,90,91]、相对主义[90,91]或社会契约理论[92]作为标准。

此外，在规范性的应用方面，国内的研究还很欠缺，只有个别学者尝试建立营销道德的评价指标体系来评价企业总体的营销道德行为。这些评价体系可以分成两类：第一类，以西方的道德理论为基础的评价体系，如从企业、消费者和政府的角度以显要义务为基础[93]或以企业营销道德价值取向为出发点建立营销道德的评价指标体系来对企业的营销道德进行总体的评估[94]；第二类，具体的评价体系，如从消费者、内部员工、竞争者、环境 4 个方面来评价石油销售企业的道德问题[95]，网络营销中，以对待消费者隐私权方面的态度为基础来评价企业网络营销的道德性[96]。

在实证性的应用方面，国内学者的相关实证研究不是很多，主要涉及了3部分：第一，对营销行为的道德感知。甘碧群教授实证性地检验了各个利益相关者，企业员工、政府人员和消费者对企业营销道德的感知[93,97]；庄贵军学者检验了人们对销售和采购人员的几种灰色营销行为的道德评价及差异，并比较了营销人员与人们对灰色营销道德评价方面的差异[31,33]。第二，营销道德模型建立。庄贵军学者针对一种特定的营销道德行为，建立了一个灰色营销模型，并对这些具有中国文化特点，营销双方都有道德问题的营销方式及其影响因素进行了初步的研究[13]。另外，陈璟菁学者建立了保险业的营销道德模型，检验了伦理感知、伦理判断和伦理意图之间的关系以及伦理判断和伦理意图之间的关系[98]。第三，营销行为的道德问题带来的后果。牛永革实证性地检验了不道德营销行为对品牌资产衰减和品牌重生难度带来的影响[99]。

综上所述，与国外学者相比，第一，国内学者由于在营销道德方面的研究起步较晚，研究成果还比较欠缺。第二，对于营销道德的研究更多的是进行理论性的探讨，如列举了营销各个环节和各种营销方式中存在的道德问题，这些问题产生的根源，以及带来的后果，并提出相应的对策等，在实际应用方面还很欠缺。具体表现在：规范性框架缺乏，而且为数不多的规范性框架主要关注评价企业整体的营销道德性，缺乏可以指导个人在面临具体的道德困境中进行道德决策的规范性模型，如很多销售人员由于缺乏规范性模型的指导在判断送礼或请吃行为的道德性方面是很模糊的；另外，实证性的研究也很少。第三，在进行营销道德的研究时，国内学者更多地借鉴了西方的理论，对于中国的文化因素可能带来的影响没有进行深入的研究。国内的庄贵军学者在这方面进行了一些有益的尝试，将具有中国文化特色的请吃、送礼等有道德问题的行为抽象出来，进行了相关的研究，但是由于处于起步阶段，还有很多内容需要进一步研究。

2.2 营销道德决策模型

2.2.1 Trevino的个人和情境交互作用模型

Trevino(1986)[45]在Kohlberg的道德认知发展理论模型的基础上，阐述了影响道德决策的个人因素和组织情境因素及个人因素和组织情境因素的交互作用。

Trevino 认为道德认知发展阶段决定了个人对道德困境的认知，即对情境中行为的正确与否的判断，但是仅仅只是道德认知还不足以解释道德行为的决策，而是个人及组织情境因素和道德认知要素的交互作用决定了个人的道德行为，此外，组织因素还会影响个人的道德认知发展阶段。

Trevino 模型中的个人因素包括 3 个：控制中心(Locus of Control)、自我强度(Ego Strength)和环境依赖(Field Dependence)。

控制中心是指个人对于事情的控制程度的感知和对事情结果的归因。“外控”的个人认为生活中的事情是不受控的，事情的结果都是由外在的命运、运气等原因造成的，因此他/她会根据外部的原因来决定会不会参与道德或不道德的行为，并且不会对结果负责，而“内控”的个人认为事情的结果来源于自己的努力，因而会依靠自己的道德判断来决定行为并对事情的结果负责，即“内控”的个人在道德判断和道德行为的关系中更具有一致性。

自我强度是与自信或自我约束能力相联系的概念[45]。具有高自我强度的个人在做事时不容易冲动，并且在其道德认知和道德行为之间的一致性更高，即高自我强度的个人更愿意按照自己的意志和意愿行事，参与到自己认为是对的或正确的事情当中。

环境依赖是指个体对外部社会参考信息的依赖程度[45]。在环境模糊的情况下，对环境依赖程度高的个体会最大化利用外部的信息来作为自己行为的指导，而对环境依赖程度低的个体在其行为方面的自主性则更强，因此，对环境依赖程度低的个人在道德认知和道德行为的关系中更具有一致性，而对环境依赖程度高的个体则更有可能由于外界影响而做出与自己的判断不符的行为。

组织情境因素包括直接工作环境，如奖励、惩罚和压力；组织文化，如道德规范体系、参考群体、服从权威；工作的特点，如角色扮演和解决道德冲突等。

直接工作环境对个人的道德行为会产生影响，即对行为的奖励或惩罚会显著影响个人的道德或不道德的行为发生；外部压力，如稀有资源、成本、时间或竞争等因素则会减少个人道德行为发生的可能性。

组织文化不但对个人的道德认知发展有影响，还会影响其做出道德或不道德的行为。组织文化通过让组织成员承担决策责任和工作职责来影响个人的道德发展。例如，民主型企业鼓励任何层级的员工自己做决策并解决各种冲突，这有利于个人道德认知发展的提升；独裁型企业严格规定了成员的角色，并依据正式的权威做决策，这会抑制个人的道德认知发展。此外，在强文化中，即组织内有道德规范体系时，道德规范体系指导个人对行为的道德判断；在弱文化中，即组织内没有道德规范体系时，非正式规范指导个人对行为的道德判断。组织文化对道德或不道德行为的影响表现在：当组织文化和道德规范之间是相互一致的且道德规范能够在组织中强制执行的时候，道德规范才会对道德或不道德的行为产生显著的影响作用。参考群体的行为和权威的要求会影响个人的道德或不道德的行为。当组织文化鼓励个人考量行为的后果并让个人为自己的行为所带来的后果负责时，个人的道德判断才会带来更为道德的行为。

工作的特点会影响个人的道德认知发展。工作的特点对道德认知发展的影响是通过角色扮演的复杂程度和解决道德冲突的频率来实现的，当个人扮演的角色越是复杂，越是需要频繁地解决道德冲突，就越有可能提升其认知发展阶段。

Trevino 的个人和情境交互作用模型如图 2-1 所示。

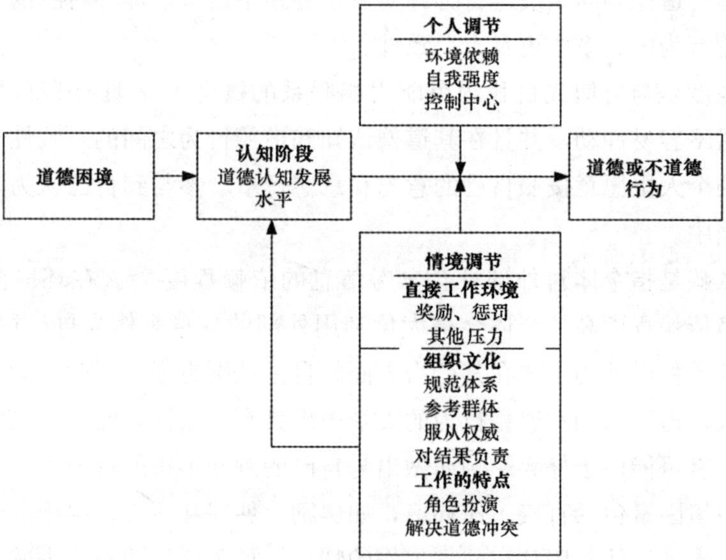

图 2-1 Trevino 的个人和情境交互作用模型

Trevino 的个人和情境交互作用模型的特点表现在 3 个方面：第一，具体化了影响道德决策的个人和组织因素。其中，个人因素包含环境依赖、自我强度和控制中心[45]；组织因素包含直接工作环境、组织文化和工作性质等[45]。第二，个人因素通过和个人的道德发展阶段的交互作用对道德决策行为产生影响。了解个人的一些特征以及个人的道德发展阶段，就可以解释个人道德或不道德行为发生的原因。第三，组织因素和个人因素之间的交互作用会影响道德决策行为。组织因素中的组织文化、工作特点和个人直接工作环境会影响与提升个人的道德发展水平，进而让个人参与更为道德的行为。因此，企业可以通过相应的措施来促进成员道德认知水平的发展及影响其道德行为的发生。

2.2.2 Ferrell 和 Gresham 的营销道德决策模型

Ferrell 和 Gresham(1985)提出了营销道德决策模型[48]。这个模型强调个人和组织因素对道德或不道德的营销行为的直接或间接的影响。他们认为道德问题或困境产生于社会和文化环境中，当个人面临道德困境进行道德决策时，会受到个人因素(包括社会道德哲学、个人的价值观、知识、态度和意向)和组织因素(包括不道德行为发生的机会和组织内有重要影响力的其他人)的影响。个人的道德决策会产生最后的行为，而对实际发生行为的评价又反过来影响个人的道德观念、有重要影响的其他人以及不道德行为发生的机会。

Ferrell 和 Gresham 认为社会道德哲学主要有两类：一类是目的论即功利主义；另一类是道义论即公平性原则和权力原则。社会道德哲学为行为的判断、行为者的意向或行为的结果提供了标准和原则。个人在社会化的过程中会学习这些原则，并将其运用到道德决策中，即这些社会和文化性的道德哲学标准与原则会影响个人的知识、价值观、态度和对道德问题的行为意向以及个人的道德决策过程。此外，Ferrell 和 Gresham 运用角色定位理论和差异学习理论解释了组织内的有重要影响的其他人对个人道德决策的影响作用。他们认为个人的差异学习，即从关系密切的个人或团体中学习道德或不道德的行为，会对个人道德或不道德的行为产生影响。此外，个人的角色定位中明确了个人同有重要影响力的其他人之间的关系远近以及与有重要影响力的其他人的相对权力大小，个人的道德决策会受到与决策者之间的关系以及有重要影响的其他人的行为的影响。例如，同事和决策者接触的越频繁，同事对决策者的道德行为的影响就越大。企业领导为企业的道德氛围确定了基调并拥有决策者必须服从的权力，因此领导会影响决策者的道德或不道德行为。最后，不道德行为发生的机会主要是指企业奖惩制度、政策和职业规范的存在与否。例如，企业道德政策的执行会提高决策者的道德行为；企业越是对不道德的行为进行奖励，那么不道德行为就越有可能发生；企业越是对不道德的行为不给予惩罚，那么不道德行为就越有可能发生。

Ferrell 和 Gresham(1985)模型的特点是：提出社会道德哲学可能对个人因素以及道德决策的影响，强调组织因素中有重要影响的其他人即参考群体的行为、参考群体和决策者之间的关系以及企业内道德政策与奖罚政策对营销人员道德决策的影响。但是，他们的模型没有将社会、文化、行业等其他外部环境因素加入模型的考虑范围内，而且模型中的道德判断和道德意向被视为是统一的[48]。Ferrell 和 Gresham 的营销道德决策模型如图 2-2 所示。

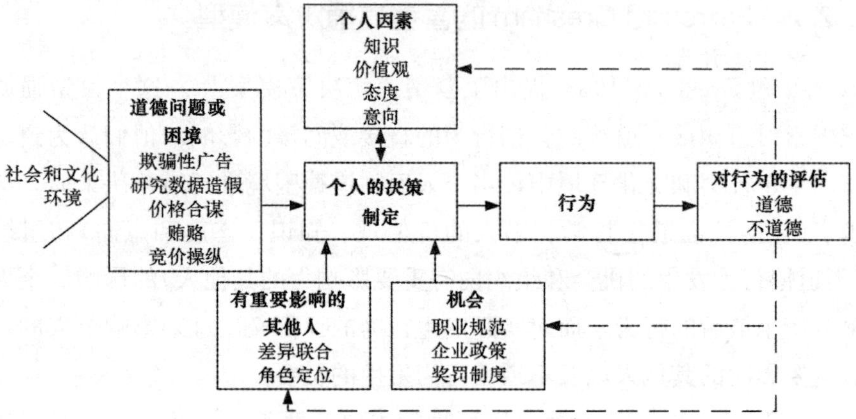

图 2-2　Ferrell 和 Gresham 的营销道德决策模型

2.2.3　Hunt 和 Vitell 的营销道德决策理论模型

Hunt 和 Vitell(1986)[62]建立了营销道德决策理论模型，并在 1993 年进行了进一步的修正和扩充[100]。Hunt 和 Vitell 的模型包括了影响决策者对道德问题认知的个人经验以及环境因素。他们认为个人因素(道德认知发展阶段、价值观、道德品质、信念体系、道德敏感程度、性格特征、生活经验等)和环境因素(文化环境、行业环境和职业环境、组织环境)共同影响营销人员道德决策过程的各个环节，即意识到的道德问题、意识到的可选方案、意识到的行为后果、道德义务规范、后果发生的可能性、对后果的意欲程度和利益团体的重要性、道德判断。其中，行业和组织环境对决策者的道德判断具有决定性的影响作用。因为，组织中的高层或上司作为参考群体为员工提供了道德参照的标准，此外，组织标准、行业道德氛围、社会道德氛围都会影响决策者对于行为道德与否的判断和决策。

Hunt 和 Vitell(1986，1993)模型认为道德决策的过程包括意识到道德问题、明确可选方案、进行道德判断、建立道德意图、道德行为的发生、行为实际产生的后果评价[62,100]。具体而言，第一，营销人员要觉察或意识到某情境中存在道德问题，因而会面临道德困境。第二，营销人员要确定可供选择的行动方案以解决其面临的道德困境。营销人员由于知识、经验等限制，意识到的可选方案可能会少于所有可能的方案，即只是所有可能方案的一个子集。营销人员之间有不同的道德决策行为，可能是由于他们意识到的可供选择的行动方案集是不同的。第三，营销人员从道义论和目的论两个角度对各种行动方案做出总体的道德评价。其中，道义论评价受当时的道义论规范的影响，如诚实、信用、公正等，个人评价的是每个可选方案行为本身的对与错。而目的论评价受到 4 个因素的影响：①每种方案对不同利益相关群体产生的后果。利益相关群体可能包括股东、本企业员工、消费者或其他受此方案影响的个体或群体。②每种后果发生在各利益相关群体身上的可能性。③各利益相关群体对每种可能的后果排斥或意欲的程度。④各利益相关群体的相对重要性。销售或营销人员对利益相关群体重要性的评判会随着个人和情境的不同而不同。例如，销售人员将顾客、同事、上司看作是重要的利益相关群体[101]；而销售经理则会认为供应商、股东、员工这些利益相关群体更重要[102]。第四，营销人员会形成行动意图或意向。Hunt 和 Vitell 认为行动意向由道德判断和目的论评价共同决定。其中，目的论评价对行动意向的影响可能更大，因为行为的结果与决策者的自身利益息息相关。这也为营销人员的道德判断和意图存在不一致提供了一个内在的原因。第五，最终实际行为的产生不但受到意图的影响还受情境约束因素的制约。情境约束也是导致道德判断和行为意向之间的不一致的一个原因。情境约束是指个人对某种行为方案的控制力，或实施某种行为方案的机遇或机会。例如，销售人员欲通过给回扣等灰色营销手段来获取采购订单，但是公司的上司和政策都不支持这一行为。第六，销售人员对实际行为产生的结果进行评价。这种评价将成为个人经验的一部分，影响以后的道德决策。若销售人员由于其不道德的行为而受到上司的谴责，那么这会影响销售人员今后的行为，使其在类似的情境中不会参与到不道德的行为中；相反，若不道德行为得到了默许甚至鼓励，则有可能产生负面的强化作用。

Hunt 和 Vitell(1986，1993)模型[62,100]的特点表现在：第一，影响道德决策的因素有个人因素、组织因素和环境因素。个人因素包括宗教信仰、价值观、信念、道德品质和道德敏感程度等；组织因素具体包括的因素并没有详细的阐述；环境因素包括文化环境、行业环境和职业环境。与 Ferrell 和 Gresham 的模型[48]相比，他们的模型考虑到了职业环境和行业环境，因此，Hunt 和 Vitell 的模型对影响道德决策的外部影响因素考虑得更加全面。第二，营销人员的道德判断会同时受到其对某一行为的道义论评价和目的论评价的影响。虽然 Ferrell 和 Gresham 也提出了道义论和目的论在其营销道德决策模型中的作用，但是并没有将道义论和目的论列入模型中。而 Hunt 和 Vitell 认为，营销人员在某些情况下会是一个道义论者，在决策时很少会考虑行为带来的后果；在另一些情况下营销人员是一个功利主义者，其决策则较少考量道德义务规范。但是大多数的营销人员在决策时既会顾及道德规范，又会考量行为带来的后果。第三，提出了道德判断和行为意向或行为之间的不一致的可能原因。行为意图并不完全由道德判断所决定，它可以仅依赖于目的论的评判结果。另外，行为意图建立后是否成为实际的行为还受情境或行为约束因素的影响。第四，关注了对行为的实际后果进行评价这种反馈机制对个人因素的影响。这表明某一次的道德决策与个人之前类似的道德决策之间存在着很大的关联性，这种关联性通过对实际行为结果的评价产生作用。Hunt 和 Vitell 的营销道德决策理论模型如图 2-3 所示。

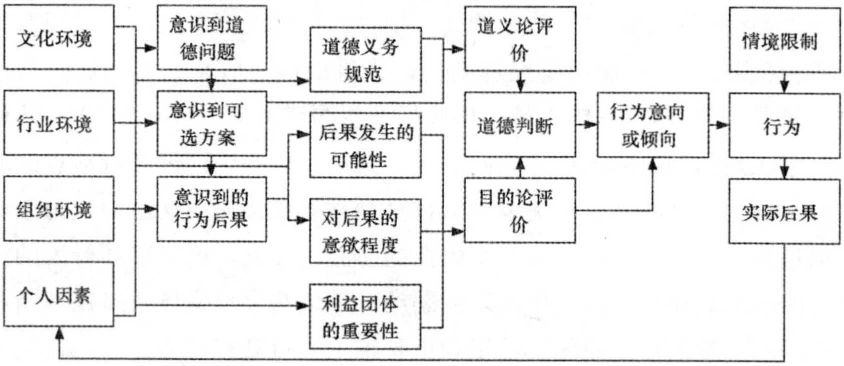

图 2-3　Hunt 和 Vitell 的营销道德决策理论模型

2.2.4　Jones 的问题权变模型

在 Rest 的四阶段模型的基础上(意识道德问题、做出道德判断、建立道德意图、实施道德行为)，Jones(1991)[83]综合了其他营销道德模型后，增加了另外一个影响道德决策的因素：道德强度(Moral Intensity)。道德强度包括 6 个维度：后果的严重性(Magnitude of Consequences)、社会共识(Social Consensus)、后果发生的可能性(Probability of Effect)、后果的直接性(Temporal Immediacy)、亲密度(Proximity)和后果的集中度(Concentration of Effect)。Jones 认为道德强度体现了道德问题本身的特点以及可能会对决策产生影响的一些情境因素，这些因素可以帮助决策者评估不同的可选行为，形成更好的决策[83]。此外，Jones 认为道德决策不仅仅是个人的决策，也依赖于组织内的社会学习，因此，组织因素会影响决策者决策中的行为意图以及实际的道德行为。

道德强度中后果的严重性是指道德行为的受害人(或受益人)所受伤害(或受益)的总和。社会共识是指社会对一种行为是善还是恶的认同程度。后果发生的可能性是指有道德问题行为的发生以及有道德问题的行为会带来预期的损害(利益)的可能性。后果的直接性是指有道德问题行为的发生和有道德问题的行为产生后果之间的时间间隔长短，时间越短表明这一行为有越强的后果直接性。亲密度是指决策者对行为的受害者(受益者)产生的社会的、文化的、心理的和生理的亲近程度或相似程度。后果的集中度是指在后果一定的条件下，受有道德问题行为影响的人数多少，人数越多表明该行为有越强的后果集中度。通常，人们更容易意识到强度高的道德问题，而强度高的道德问题比强度低的道德问题能带来更高的道德认知发展阶段的评判，并且在问题的强度较高的情况下，更易建立道德的意图，产生更为道德的行为。

Jones 的问题权变模型的特点表现在：第一，提出道德问题本身即道德强度是影响道德决策的重要因素。在进行道德决策时，必须关注道德问题或道德困境本身的特性给决策者的道德决策带来的影响。第二，认为组织因素只对建立道德意图和实施道德行为有影响作用，对意识到道德问题和做出道德判断并没有影响。另外，组织因素的影响体现在群体互动、权威因素和社会化过程中。Jones 的问题权变模型如图 2-4 所示。

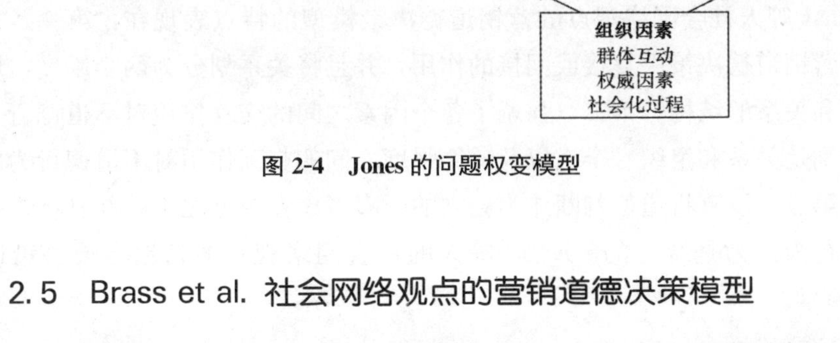

图 2-4　Jones 的问题权变模型

2.2.5　Brass et al. 社会网络观点的营销道德决策模型

Brass 等人(1998)的模型在 Jones 模型的基础上提出了一个新的因素——行为者之间的关系。Brass 等人认为过去的道德决策模型过于强调个人和组织因素，而忽略了行为者之间的关系。因此，他们将关系因素结合到道德决策的过程中，并且关注了关系的两个维度：关系的类型和关系的结构。关系的类型包括强度(Strength)、地位平等性(Status)、多样性(Multiplexity)和不对称性(Asymmetry)，这些关系类型可以用来了解特定的关系是增加或降低了网络中不道德行为发生的机会。关系的结构表明了整个网络相互联系的方式以及对行为的监督能力是高还是低，主要包括密度(Density)、圈子(Circle)、结构洞(Structure Hole)和中心性(Centrality)，这些关系的结构可以用来了解不道德行为可能会对声誉造成的损失是大或是小，从而起到影响不道德行为发生的可能性的作用[11]。关系的类型和关系的结构并不是完全独立的，两者会相互结合并共同影响不道德行为的发生，如小圈子(Cliques)就是网络中密集且互惠的亚群体，它同时体现了关系类型中的关系强度以及关系结构中的关系密度。另外，关系的类型和关系的结构分别和个人因素、组织因素以及问题相关的因素的交互作用会影响组织中不道德行为的发生。Brass 等人认为通过确定关系类型和关系结构，就可以衡量关系对道德行为直接或间接的影响程度。

关系类型中的关系强度是指关系中的交往频率、互惠、情感强度和亲近程度。地位平等性是指两个行为者之间相对权力的大小。关系的多样性是指两个行为者之间是通过两种或两种以上的关系类型联系在一起的程度，如朋友、工作伙伴、邻居。关系的不对称性是指一个行为者的信任和情感投入不会受到另一个行为者完全的回报或互惠的程度。关系结构中的关系密度是指网络中实际的联系和网络中所有可能的联系之间的百分比。关系结构洞是指网络中两个行为者之间联系的缺失程度。例如，A 和 B 之间有联系，A 和 C 之间也有联系，而 B 和 C 之间没有联系，那么这三方就出现了一个结构洞。关系中心性是指个人通过最少的直接或间接联系而到达网络中所有其他行为者的程度。

Brass 等人社会网络观点的营销道德决策模型的特点表现在：第一，关注了关系在营销道德决策中直接或间接的作用，并且将关系划分为两个维度，即关系的类型和关系的结构。第二，强调了各个因素之间的交互作用对不道德行为的影响，特别是关系和组织、个人以及道德强度之间的交互作用对不道德行为的影响作用。第三，没有将道德判断作为独立的因素考虑在模型之中，并且将道德意图和道德行为视为是统一的。Brass 等人的社会网络观点的营销道德决策模型如图 2-5所示。

2.2.6 Powpaka 的计划行为理论模型

Powpaka(2002)[58]的计划行为理论模型是在 Dubinsky 和 Loken(1989)[103]的

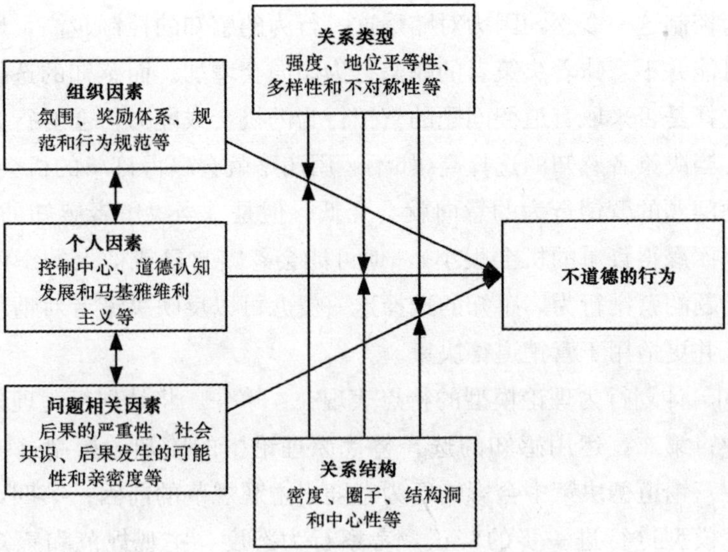

图 2-5 Brass 等人的社会网络观点的营销道德决策模型

理性行为理论模型的基础上(TRA，Fishbein 和 Ajzen，1975)建立的。Powpaka 的模型特别强调了在道德情境中个人的行为态度(Attitude towards the Behavior)、主观规范(Subjective Norm)和感知的选择(Perceived Choice)3 个因素，并认为这 3 个因素会影响决策者对情景的评估以及对行为意向的评价和判断。

计划行为理论假设个人在决策时是理性的，会充分利用可获得的信息做出理性的决策；个人的行为不能完全由自己本身的意志所控制；个人对某行为的意向是影响实际行为的重要因素。计划行为理论认为行为会受到行为意向和感知的控制(Perceived Control)的影响，而行为意向受到行为态度、主观规范和感知的控制的影响。行为态度和主观规范分别受到认知结构即行为信念和结果评估(如行为结果的感知)以及规范结构即规范信念和依存动机(如受到有重要影响的其他人的支持的感知)的影响，而感知的控制受到控制结构即控制信念和便利性知觉的影响。行为态度是指个人对于一个行为的好与不好或正面与负面的评价[104]。主观规范是指在参与或不参与某行为时，个人对来自社会压力的感知[104]，如有重要影响的其他人或参考群体对该行为的支持与否。感知的控制是指对采取某行为时困难或容易的感知，它反映了过去的经验以及预期的困难和障碍，对行为的控制越高意味着预见的障碍和困难就越小[104]。Powpaka 将计划行为理论运用到营销道德决策中时，用感知的选择来替代感知的控制。他认为营销中的有道德问题的行为，如贿赂，是规避性的行为，研究这种规避性行为时，不太合适直接运用感知的行为控制这一概念，因为对贿赂这一行为的感知的控制越高，即困难或障碍越小，可能并不意味着决策者的贿赂行为倾向会增加。而感知的选择是指为了赢得合同选择是否采取有道德问题的营销行为的机会或能力，会对行为意向有负面的影响。当决策者感知的选择高(如不运用贿赂就会赢得订单的机会很大)，其参与有道德问题的营销行为的意向就会变低。但是，当决策者感知的选择低(如不运用贿赂而赢得订单的机会很小)，他可能会忽略自己或他人的态度而选择参与有道德问题的营销行为。感知的选择这一概念可以反映决策者对情境和困难的控制程度，并更适用于营销道德决策。

Powpaka 计划行为理论模型的特点表现在：第一，将计划行为理论引入营销道德决策中；第二，运用感知的选择替代原理论中的感知的控制这一概念；第三，提出在营销道德决策中会影响行为态度，主观规范的前因；第四，建议对计划行为理论模型进行进一步的修正，考察行为态度、主观规范和感知的选择这 3 个概念间是否有相互的影响以及可能的交互作用对营销道德行为产生的影响。Powpaka 的计划行为理论模型如图 2-6 所示。

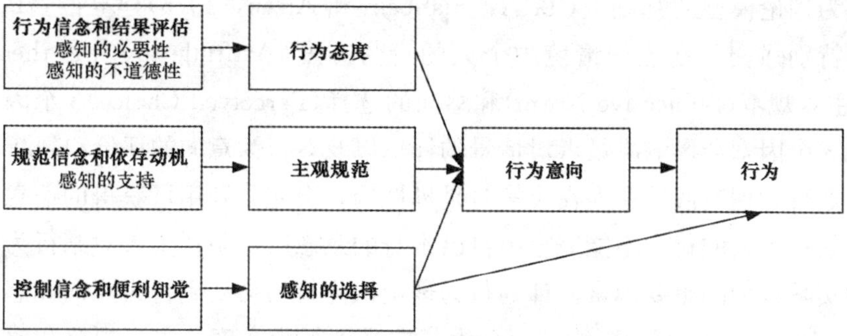

图 2-6　Powpaka 的计划行为理论模型

综合以上 6 个有代表性的营销道德决策理论模型可以发现，这些理论模型主要关注 3 个方面：一个是决策的过程；另一个是具体的影响因素；最后，是这些因素对道德决策过程的影响方式和阶段。

从决策的过程来看，这些模型大多是在 Rest 的认知模型上逐渐发展起来的，认为道德决策过程包含了很多的维度，最主要的是道德判断和/或道德行为意向两个维度。虽然 Powpaka 的营销道德决策模型是以计划行为理论为基础建立的模型，但是这一模型和其他模型有一定的契合度，并不冲突，如它们都认为决策者的道德行为会受到行为意向的影响，而行为意向会同时受到个人(个人的行为态度）和组织因素（主观规范）的影响。因此，这一模型可以和其他模型结合起来，成为其他模型的有益补充。

从影响因素来看，这些模型都结合了道德认知和社会学习的观点，承认道德决策过程会同时受到内部和外部因素即个人特点和环境的影响。此外，个别学者在营销道德理论的基础上，尝试运用其他领域的理论和观点提出新的影响因素，如Jones模型中提出的道德强度、Brass等人模型中的关系和Powpaka模型中感知的选择。

从影响因素的影响方式和阶段来看，这些模型都直接或间接地提出了各个因素之间，如个人和环境因素之间的交互作用对营销道德决策的影响，而不仅仅局限于这些因素对营销道德决策的直接影响，如Trevino的模型就明确提出了个人与情境因素交互作用对营销道德决策的影响。另外，这些模型指出，影响营销道德决策过程的那些因素，其作用可能会发生在决策的各个阶段，也可能只对一个或两个阶段有影响，如Hunt的模型中认为情境限制只在行为意图和实际行为这两个阶段中有影响。

2.3 营销道德决策的影响因素

如前所述，营销道德研究者以营销道德决策模型为基础，在道德决策过程的影响因素方面进行了大量的尝试，开发出了相应的量表[38,81]，并进行了实证检验。回顾这些营销道德文献，可以发现，影响道德决策的因素主要有个人、环境（组织环境和社会环境）、道德强度和关系四类，这些因素对决策者道德决策的重要影响作用受到大部分学者的认同[38]。另外，需要指出的是，特定的情境因素[2]由于和特定的决策紧密相关，且企业难以控制，因而较少受到关注，但是这类因素在决策者特定的道德决策中也发挥着重要的作用，如采购方对回扣的要求会显著影响销售人员给回扣的行为意向[43]。因此，本书从5个方面回顾影响营销道德决策的因素，即个人、组织、情境、道德强度和关系。

由于营销道德决策的相关文献数量较多，本书依照以下几个原则进行回顾：第一，对道德判断和道德意向有影响的因素，因为它们是营销道德决策过程中最重要的两个要素[38]；第二，关注被多次引用的重要文献或近几年文献中提出的影响道德决策的主要因素；第三，符合本书的研究重点和需求。

2.3.1 个人因素

认知方法认为个人的特征和个性会对道德决策产生重要的影响作用[105]。虽然个人因素对企业来讲是不可控的因素(企业对员工个性或特性的影响只可能发生在员工进入企业之后，而此时员工很有可能已经形成了自我特性且难以改变[38])，但是，研究个人因素对道德决策的影响可以帮助企业了解员工的个性和特征，从而引导员工的道德行为。影响道德决策的个人因素主要包括人口统计特征、个人道德观和价值取向、马基雅维利主义和行为合理化等。

(1)人口统计特征。人口统计特征体现了个人的特性[2]，主要包括年龄、性别、家庭结构、收入、职业、教育、宗教、种族、国籍等[106]。对于人口统计特征的影响的研究大多集中在早期的文献中，其中，性别、年龄以及道德培训和教育受到学者们更多的关注。

性别对道德决策的影响的结论是不一致的，但是大部分的研究表明，女性比男性对不道德行为的判断更为严苛[107]，也更不愿意参与到不道德的行为中[108]，仅有个别研究中的性别对道德判断[109]和行为[110]没有影响。

年龄对于道德决策的影响有不一致的结论，如一些学者认为随着年龄的增长，决策者会做出更为道德的判断[109]，也会参与更为道德的行为[111]；另一些学者则认为决策者的年龄越大，越会做出不道德的判断[112]；还有一些学者认为年龄对道德判断[113]和道德行为[110]没有显著的影响，但是，大部分的研究表明年长的营销人员有着更为道德的判断和行为。这可能是因为，年长的销售人员会在销售和生活中经历更多的道德困境[114]，变得更为保守和稳重，也更愿意将社会道德标准作为行为的准则[111]；另一方面，年龄的增长伴随着道德认知发展能力的提升[40]，进而参与更为道德的行为[39]。

对于道德培训/教育和道德决策之间的关系的实证研究也没有得出一致的结论。Eynon 等人(1997)[115]指出完成大学的道德课程对决策者的道德判断能力有正面的影响，而且这种影响会延续到他们未来 10～20 年的职业中。Honeycutt 等人(1995)[116]的研究发现接受道德培训的销售人员的行为可能会更加道德。然而 Sparks 和 Hunt(1998)[117]却认为道德培训对营销人员的道德敏感性有负面的影响。另外，也有一些学者的研究中并没有发现道德教育和销售人员的道德评价[118]以及道德行为[43]之间的关系。尽管如此，学者们都认为道德培训和教育是影响道德决策过程的重要因素，应该得到管理者的重视。大多数的学者将培训和道德行为之间关系不显著的原因归咎于方法问题(如只询问培训数量而不是质量等)[119]，并认为销售人员需要接受更多的道德教育才能更好地做出决策。因为销售人员可能只处于道德认知的初级阶段，需要更多的培训，获得足够的认知才能最终转化为对道德行为的信念[120]。从道德决策结构来看，个体需要感知可选的行为和那些可能会受到影响的群体，并有能力为道德的优先考虑次序进行排序，确定出最道德的行为选择，明确道德意向。而道德培训和教育过程可以促进个体判断性的思考以及从不同方面审视问题和预见后果的能力，提升个体对于不同观点的敏感性，并会影响个体的道德认知发展阶段。其次，从规范性的观点来看，教育本身的核心就是引导销售人员道德或正确的行为。引用苏格拉底的格言即“知识就是美德”(Knowledge is virtue)。最后，企业的培训帮助员工内化那些被管理者认为适当的企业价值观，影响员工的道德决策。因此，受过道德教育的人会更严格地评估他们的行为决策过程[9,121]。

(2)个人道德观和价值取向。个人道德观和价值取向与个人的道德推理相关，是个人做出道德判断和选择的依据[122]，在个人的营销道德决策中发挥着很重要的影响作用。如前所述，个人的道德判断的依据可以分为三类，即目的论、道义论和混合理论。在营销道德决策的研究中，混合理论的思想得到广泛的认同，并且学者们对混合理论中具体的道德理论进行了进一步的划分和检验，最常出现的划分方式有两种：将个人的道德理念或道德推理的依据分为目的论和道义论两个维度；将个人的道德理念分为相对主义和理想主义两个维度。

目的论是依据某行为的后果来判断某行为的道德性；而道义论认为义务和后果是相互独立的，某一行为的对与错取决于行为本身的性质。虽然，决策者在进行道德判断时可能会只以道义论为依据，也可能会更趋向于以目的论为标准，但是大部分的学者认为，决策者在进行道德决策时，通常会同时考虑这两种推理方式和道德观[62]，即决策者的道德判断是以道义论和目的论共同为基础而得出的评判结果。大部分学者的实证性研究也证明了这一观点，即道义论和目的论会显著影响销售人员的道德判断[123,124]。另外，一些学者的研究表明，道义论和目的论这两种道德观还会对销售人员的行为意向产生显著的影响[123]。道义论和目的论对道德决策影响作用的相对强弱，学者们并没有得出一致的结论，但是大部分学者认为目的论对道德决策的影响作用更大[38]，因为从目的论的角度进行批判会为决策者个人、企业或社会带来更多的利益[62]。

相对主义和理想主义的划分是由 Forsyth[125] 于 1980 年提出的。相对主义是指个人抗拒或质疑为人们所普遍接受的道德规范的程度，并强调道德困境中的特定情境才是行为的规范和标准。高相对主义者是以即时环境为基础来看待道德问题。每一个情境都包含自己特定的环境，这些环境就成为建立道德判断的主要基础。低相对主义者参考适用于情境的一般性标准和道德规范；而理想主义是指个体在评估可选择行为结果时考虑他人福利或不能伤害其他人的程度。高理想主义者认为能最小化对他人的伤害的行为是最好的选择，低理想主义者相较于对其他人的伤害则更重视结果的总体价值。Forsyth[126]使用相对主义和理想主义来假设个体的道德观和价值导向由高到低分布在对原则的重视和对结果的重视之间，并将个人以及个人的道德观分成以下四类：

第一类是相对主义和理想主义都较高的环境依赖者。他们在进行道德判断和决策时更多地会考虑某一情境下的道德行为的效用而不是基于人们普遍接受的一般性道德规范，并且也更关心该行为是否会伤害到他人。

第二类是理想主义较高而相对主义较低的绝对主义者。他们在进行道德判断和决策时基于人们普遍接受的道德规范，同时也强调该行为不会伤害到他人的利益。因此，绝对主义者更倾向于以道义论为依据而进行道德推理和判断，侧重考虑行为的正义性、公平性和人道主义等[127]。

第三类是理想主义较低而相对主义较高的主观主义者。他们在进行道德判断和决策时会重点考虑个人的得失，并不认为伤害他人的行为一定是不道德的，并且他们可能不会遵从一般道德规范。

第四类是理想主义和相对主义都较低的例外主义者。他们在进行道德判断和决策时会受到一般道德规范的约束，且更倾向于实用主义，关注行为带来的积极的效果是否超过消极的效果而较少考虑该行为是否会伤害他人，因此，他们可能更倾向于以目的论为依据而进行道德判断和决策。

Forsyth 认为拥有不同道德观和价值观的人在面对同一道德困境时的道德决策是不同的[126]。其他学者的研究也证实了这一点，如 Barnett(1998)[128]和 Kim(2003)[129]的研究表明，在有道德问题的情境中，道德观不同的营销人员做出的道德判断是不同的，理想主义高或相对主义低的营销人员对于有道德问题行为的道德判断更为严苛[129]，理想主义较高相对主义较低的营销人员(即绝对主义者)比理想主义较低相对主义较高的营销人员(即主观主义者)对有道德问题行为的判断更为严苛[128]。Singhapakdi 等人(2000)[130]的研究认为个人的道德观还会影响其道德行为的意向，理想主义越高的营销管理者参与道德行为的意向也越高，而相对主义越高的营销管理者参与道德行为的意向更低。虽然，也有学者认为理想主义对道德决策的影响不显著[131]，但是大部分的研究表明，个人的道德观和价值观对决策者的营销道德决策有着显著的影响，是预测决策者道德行为的重要因素[38]。

(3)马基雅维利主义。马基雅维利主义的概念最早是由 Niccolo Machiavelli 于 1966 年提出的，是指个人的机会主义以及个人在相互关系中影响他人的一些行为准则[132]。马基雅维利主义代表了一种个人特质，体现了人与人在与道德相关方面所存在的差异，它是以功利主义、引诱、操纵和为达目的不择手段为目的的[132]。马基雅维利主义倾向高的人对人情感冷漠，不容易被忠诚和友谊影响，而且缺乏对传统道德观念的关心，惯于操纵或利用他人以达到自己的目的，相信结果能替手段辩护。因此，马基雅维利主义通常被贴上贬义的标签，但它不同于“不诚实或欺骗”等概念，它是指通过不道德或非道德的方式操纵或利用别人以达到自己的目的的行为倾向[133]。高马基雅维利主义的人比低马基雅维利主义的人更容易欺骗他人，但是高马基雅维利主义的人通常欺骗他人时，只是为了避免惩罚而不是获得奖励[134]。如果有需要，马基雅维利主义倾向高的人，才会通过“侵略式”的或不正当的手段来达到个人和组织的目的。

在营销道德研究中，马基雅维利主义是影响营销道德行为决策的一个重要的个性特征变量。Singhapakdi 和 Vitell(1991)[135]的实证研究表明，个人的马基雅维利主义倾向越高，其在道义论的道德理念就越低，即越不会将道义论规范作为自己的行为准则，因而，参与不道德行为的倾向也就越高[136,137]。其他一些学者的研究结果也得到类似的结论，即马基雅维利主义越高的人更会做出不道德的判断[138]，并且更有可能表现出不道德的行为或决策[133,139,140]。虽然有个别学者的研究没有发现[141]或在部分情境中没有发现[142]马基雅维利主义和营销道德决策之间的关系，但是，大部分的研究支持马基雅维利主义确实会带来更为不道德的营销决策这一结论，并认为马基雅维利主义对道德决策的影响作用可能会受到情境因素的调节作用[38]。

(4)行为合理化。行为合理化(Behavior Justification)来源于心理学中的认知失调理论，是指个人通过一些方式或策略来为自己的行为决策是正确的或适当的提供支持或证明[143,144]。认知失调理论(Cognitive Dissonance Theory)认为，对于个人而言，当认知或感知之间的关系有矛盾或参与的行为和他的信念或态度不一致时，认知不一致就产生了[145]。这种不一致会为个人带来压力并让他感到不舒服和焦虑，因此个人会尝试改变或逃离这种心理冲突。个人不一致感知越强烈，如严重威胁到正面的自我形象，个人采取措施以努力降低不一致的动机就越强。认知失调理论认为行为合理化是降低认知不一致的一个最重要的因素。当个人认为有足够的理由进行行为的合理化，那么与个人的态度不一致的行为所带来的不一致感知就会降低甚至不存在。行为合理化的方式主要有三类[145]：第一类，改变不一致中的一个要素、态度、价值观或行为。但是在实际情况中，个人通常不会改变自己的行为，更多地是改变自己的态度或价值观。例如，个人会认为某种不道德行为是一种普遍存在的行为，是可以接受或理所当然的行为[10]。第二类，增加与行为一致的认知，即寻找新的支持决策或行为的信息或信念。例如，为了生存或达到企业目标，参与不道德行为是必要的[146]。第三类，降低或轻视不一致要素的重要性。在行为和价值观不一致时，个人有时虽然不会改变自己的态度，但是会将重要的价值观平凡化或忽略这些价值观[147]。一般而言，在实际的合理化过程中，个人会运用其中一类或结合这几类方式来进行行为合理化，行为合理化的程度越高，其认知不一致的感知就越低，因而也就越会参与与态度或认知不一致的行为[148]。在涉及有道德问题的行为决策中，个人行为合理化的程度越高，就越会参与到有道德问题的行为中[10]。

回顾相关文献可以发现，行为合理化对个人态度以及与态度不一致的行为有重要的影响作用[148～150]。例如，学生对作弊行为的合理化会增加学生的作弊意愿[150]。之前对行为合理化的研究更多地受到心理学和社会学研究者的关注，用于解释酗酒、抽烟、游戏成瘾，或犯罪、偷窃、欺骗等涉及道德和法律问题的行为以及行为人的心理过程，而在营销道德领域中的研究应用得较少，仅发现一篇实证性的研究检验了管理者的行为合理化对企业参与腐败行为的影响。研究结果指出，企业的管理者合理化腐败行为时，企业会更倾向于参与到腐败行为中[10]。但是这一研究关注的是企业层面的行为而不是个人的行为，此外，它没有关注行为合理化在营销道德决策中可能的权变作用。

2.3.2 组织因素

组织因素是环境因素的重要组成部分，也是受到学者们关注最多的因素。学者们提出并检验了很多可能会对营销道德决策产生影响的组织因素，这些研究结果表明，组织因素确实对决策者的营销道德决策有着重要的影响。本书主要回顾备受关注的几个组织因素。

(1)薪酬体系。薪酬体系是指企业用来引导和激励员工以达到个人和组织目标的一系列薪酬方案和措施[151]。薪酬一般可以分为固定工资和佣金两个部分，薪酬体系与薪酬相对应也可以分为两类，即以固定工资和以激励工资为基础的薪酬体系。当企业的目标是长期导向时，如让员工投入时间和精力服务于顾客并与顾客建立长期的关系，那么企业薪酬计划应以固定工资为主；而当企业目标是短期导向时，如让员工在短期内提升销售业绩，那么企业薪酬计划应以激励工资或佣金为主[152]。企业薪酬体系对企业中营销人员的道德决策有着重要的影响作用[153]。

学者们的实证研究表明，与以固定工资为基础的薪酬体系相比，以激励工资为基础的薪酬体系或佣金制度会使销售人员做出更为不道德的决策，销售人员参与有道德问题营销行为的可能性也越大[9,154]。这是因为，企业的激励性工资或佣金性工资会带来工具性和短期导向的道德氛围，企业中的销售人员会更看重企业的利益和销售目标以及个人的利益最大化，因此，在面临道德决策时，往往会不择手段以达到目标，即销售人员为了获得订单实现销售目标以得到更多的佣金，会倾向于参与到不道德的行为中去[155]。而以固定工资为主的薪酬体系会带来长期导向的道德氛围，企业鼓励销售人员与顾客之间建立长期的合作关系，并承担了大部分的销售风险，因此，销售人员在业绩方面的压力以及获得佣金的机会都较小，其参与有道德问题的营销行为的可能性也就降低了[154]。虽然有学者认为固定工资和佣金的多少并不会影响销售人员的道德行为[156]，但是大部分的研究都表明，薪酬制度会直接或间接地影响营销人员的道德决策，销售人员的薪酬中，基于固定工资的成分越多，其行为就越道德；基于绩效的佣金成分越多，其行为就越不道德。

(2)控制体系。控制体系是指企业对员工的绩效进行管理、指导、监督、评估和奖励以及补偿的一系列组织程序和方式[36]，针对销售人员的控制体系中仅缺少补偿这一方式[9]。企业的销售控制体系可以分为两类：结果控制和行为控制。在结果控制中，销售人员的销售量、销售额、净利润等销售结果会受到管理者的评估；在行为控制中，销售人员完成销售结果以及销售目标的销售方法和技巧等方式和手段是管理者评估销售人员的标准。企业的销售控制体系会影响与销售人员工作相关的认知、情感、态度和行为[156]，特别是对销售人员的道德决策会有重要的影响作用[36]。

之前的大量实证研究表明，控制体系对销售人员的道德判断[156]与道德行为[138]都有显著的影响。行为控制有助于鼓励销售人员的道德性的决策[157,158]，结果控制中的销售人员更容易做出较为不道德的决策[9]。由于在结果控制中，销售人员会关注目标而忽略完成目标的方式和手段，而企业倾向于关注短期目标和利益[159]，对销售人员的控制很少，几乎不会进行过程监督，因此销售人员为达到目标而参与不道德行为的机会增大[156]。相反，在行为控制中，企业关注销售目标之外的，如与顾客的关系以及顾客的满意度等长期目标，强调企业期望的行为而不会设定结果，管理者会对销售人员进行指导并严密的监督和控制销售人员的行为，因此，管理者对销售人员的销售过程和结果了如指掌，销售人员参与有道德问题的行为被发现的可能性就增大了[156]，相应地销售人员参与有道德问题的行为的机会就会减少。关于控制体系的相关研究几乎都得出相似的结论，即与结果控制为主的企业相比，在以行为控制为主的企业中，销售人员的决策更为道德[138]。

(3)道德氛围。Victor 和 Cullen 于 1987[160]年最早提出企业道德氛围(Ethical Climate)的概念。企业道德氛围是指组织成员形成的对企业道德环境特征的一致性的认知，是员工关于道德相关问题的共识，涉及员工对行为的道德性判断和解决道德问题的方式。道德氛围作为企业文化中的一部分，是企业员工在面临道德困境时进行营销道德决策的依据，会影响企业员工的道德判断和行为[161]。在实证研究中，企业道德氛围对员工道德决策的影响作用体现在两个方面：道德氛围的强度和道德氛围的种类。

从道德氛围的强度来看，由于道德氛围属于企业文化中有关道德价值观和道德评估的部分，而企业文化可以分为“强文化”和“弱文化”。在强文化中，企业员工对企业的基本价值观有广泛的认同，能对企业的行为标准或规范有明确认知，并会将这些标准或规范作为日常行为的指导。在弱文化中，相对于企业文化规范，亚群体的行为标准和规范对企业员工的影响更大，即部门或分支机构中的亚文化将更有可能成为指导人们行为的准则。因此，相应地，企业的道德氛围也可以分为“强道德氛围”和“弱道德氛围”。在强道德氛围中，道德氛围对员工道德决策的影响力很大，员工会以企业道德氛围认可的标准和方式行事。当企业的强道德氛围是积极时，员工的道德行为会增加；相反，当企业的强道德氛围是消极时，员工参与不道德行为的可能性会大大增加。而在弱道德氛围中，道德氛围对员工道德决策的影响较小，在面临道德问题时，员工没有既定的标准可以遵循，则会更倾向于依照自己的道德标准行事，因此，相对于强道德氛围，弱道德氛围企业的员工更容易做出不道德的决策。一些实证研究证明了这一观点，如 Verbeke(1996)[138]的研究表明，相对于弱道德氛围，企业的强道德氛围对销售人员的道德决策有显著的正面影响，还会通过马基雅维利主义对销售人员的道德决策产生间接的影响。

从道德氛围的种类来看，Victor 和 Cullen(1987)[160]提出了一个道德氛围理论模型。这个模型在道德标准(Ethical Criteria)和道德关注点(Locus of Analysis)两个维度的基础上，对道德氛围进行了理论性的划分。其中，道德标准是用来评估某一行为道德性的方法或思想。Victor 和 Cullen 以利己主义论、功利主义论和道义论三种道德理论为基础，提出 3 个道德标准：利己主义(Egoism)标准、慈善性(Benevolence)标准和原则性(Principled)标准。道德关注点是指在进行道德决策时关注的群体种类。Victor 和 Cullen 认为道德关注点来源于企业的不同利益相关群体，即个人层次、企业层次和社会层次。企业的道德关注点会随着不同的道德发展阶段而发生改变。企业道德氛围被 Victor 和 Cullen 理论性地分为 9 类：自我利益(Self-interest)、友谊(Friendship)、个人道义(Personal Moral)、企业利益(Company Profits)、团队利益(Team Interest)、规则和经营程序(Rules and Procedures)、效率(Efficiency)、社会责任(Social Responsibility)和法律及专业规范(Laws and Professional Norms)。

Victor 和 Cullen(1988)[155]开发了道德氛围的量表(包含 36 个题项)，并对道德氛围理论模型进行了实证分析，得出 5 类道德氛围，分别是：其一，工具主义的道德氛围(个人和公司层次上的利己主义标准)。此时，企业中是以利己主义作为行为的标准，强调公司和个人的自我利益，一切企业的活动或行为都以最大化个人利益为主，而忽略其他的方面。其二，关怀的道德氛围(个人和公司层次的慈善性标准)。此时，企业中是以功利主义作为行为的标准，即企业关注的是大多数人的利益最大化。其三，独立性的道德氛围(个人层次的道德标准)。此时，企业尊重个人的道德观，企业员工做个人认为正确的事情，并且个人的道德观要符合以及遵循一定的道德规范和原则。其四，遵循规则的道德氛围(企业层次的规则和经营程序)。此时，企业是以公司的规则或规章作为行为标准，一切企业的活动或行为必须遵守公司的规则或规章。其五，遵循法律和规范的道德氛围(社会层次的法律和专业规范)。此时，企业尊重原则性的行为标准，一切企业的活动和行为主要遵循社会法律和专业的规范。这五类道德氛围是依次递进的关系，即企业的氛围越来越好，越来越道德，相应地也越能提升企业员工的道德行为。例如，与工具主义的道德氛围中的员工相比，遵循社会法律和专业规范的道德氛围中的员工的行为更为道德，这是因为工具主义是以个人主义作为行为标准，在决策时员工更多地考虑个人利益而忽略其他，因而也更易参与到不道德的行为中；而遵循社会法律和道德规范的员工以原则性作为行为标准，在决策时员工更多地考虑全社会的利益，也更易产生道德的行为。一些实证研究也证明了这一点，如 Wimbush 和 Shepard(1997)[162]的研究结果表明，慈善性或原则性的道德氛围与企业员工的道德行为紧密相关，而工具主义的道德氛围与企业员工的不道德行为紧密相关。Victor 和 Cullen 提出的道德氛围理论模型以及对应的实证研究中的五类道德氛围对照情况，见表 2-3。

表 2-3　五类道德氛围对照情况

道德标准	道德关注点		
	个人	企业	社会
利己主义	自我利益(工具主义)	企业利益(工具主义)	效率(无)
慈善性标准	友谊(关怀)	团队利益(关怀)	社会责任(法律及专业规范)
原则性标准	个人道义(独立性)	规则和经营程序(同)	法律及专业规范(同)

注：括号内为五类道德氛围，“同”表示道德氛围的理论性分类与道德氛围的五类相同。

Victor 和 Cullen 的道德氛围维度与分类，特别是其开发的道德氛围量表得到了很多学者的认同和应用，此外，一些学者也提出了其他的道德氛围的维度与分类，如 Babin、Boles 和 Robin(2000)[163]认为道德氛围有 4 个维度：责任和信任、同事行为的道德性、道德规范的结果和销售实践。责任和信任是指对利益相关者公平和诚实的对待，避免不公平和欺骗的行为。同事行为的道德性是形成道德判断和道德氛围的重要部分，因为对同事行为道德性的观察会同化或成为员工类似行为的参照，长此以往，这种同化会让员工感知到企业期望的行为和道德氛围。道德规范是指企业中的有关道德的规范、准则、规则和政策。这些规范明确了违背道德的条例以及违背的后果。销售实践主要是指企业的主要目标，如获得销售额或顾客利益最大化，企业目标会让员工明白企业优先重视的是什么；Ingram、LaForge 和 Schwepker(2007)[5]将道德氛围分为 2 个维度：结构性道德氛围和人际关系性道德氛围。结构性维度是指个人对其外部控制因素的感知，如法律、道德规范、道德政策和对不道德行为的惩罚。企业可以利用这些因素来帮助员工感知到企业的道德性氛围。当员工感知到道德规范、道德政策以及对不道德行为的惩罚措施是存在并切实执行的，员工就会认为组织的氛围是道德的。人际关系性维度是个人对企业其他成员的道德行为的感知。企业其他成员的道德行为有助于塑造员工对于企业道德性的感知。企业中的成员越是关注做对的事情(对组织内外)并付诸实践，就会在企业中内化什么是对的事情，那么就越会让员工感知到企业的氛围是道德的。

尽管不同的学者对道德氛围有不同的划分并提出不同的维度，但是大部分学者认为，道德氛围都可以被分为两类，即不道德和道德的道德氛围[164]。这种分类与之前学者的不同分类方式是一致的，并不冲突，如 Victor 和 Cullen 的五类道德氛围存在由一般到道德的递进关系，且各个道德氛围之间并不存在明显的界限[155]，因此并不存在冲突；而 Ingram、LaForge 和 Schwepker 的结构性和人际关系性道德氛围也都存在道德或不道德性[5]。企业道德的道德氛围会让员工做出更为道德的决策，而不道德的氛围会增加员工不道德决策发生的可能性[5,164]。

回顾道德氛围的相关文献，大部分学者的研究都表明，企业道德氛围会对销售人员的营销道德决策产生重要的影响。综合这些研究，本书也可以得出一个推论，即强的道德的企业道德氛围带来销售人员更为道德的决策，而弱的不道德的企业道德氛围会增加销售人员不道德的决策。此外，从学者们对于道德氛围的分类和维度也可以看出，道德氛围包含了 3 个很重要的部分：企业正式与非正式的规范以及道德准则的制定和执行、奖罚制度和参考群体的行为。

(4)道德规范。道德规范是说明企业的基本价值观和希望其员工遵循的道德标准、规则的正式文件[165]，是企业道德氛围的一个重要组成部分[166]。企业的道德规范必须制定清晰并能贯彻执行时才会成为企业的一种道德氛围。

对于道德规范的研究主要有 3 个方面：第一，企业道德规范存在与否对营销道德决策的影响。例如，Adams 等人(2001)[167]认为与没有道德规范的企业相比，有道德规范的企业中的营销人员的判断更为道德；McCabe 等人(1996)[168]的研究也表明企业道德规范的存在会使不道德行为发生的可能性降低；而 Nwachukwu 和 Vitell(1997)[169]却认为道德规范的存在与否对销售人员的道德决策并没有显著的影响。第二，企业的书面与非书面(正式与非正式)的道德规范对营销道德决策的影响。例如，Trevino(1986)[45]认为，当企业有一套书面的正式的道德规范时，即强文化中，企业成员对于什么是恰当或不恰当，道德或不道德的行为有着一致的认同，道德规范就成为指导员工道德行为的准则；而在弱文化中，亚文化或非正式规范就成为影响企业成员道德或不道德行为的重要因素。Sims 和 Keon(1999)[170]的研究仅部分支持了这一观点，在 5 个道德情境的 3 个情境中，书面的正式的道德规范对道德行为有显著的影响，而非书面(非正式)的道德规范对道德行为几乎没有影响。第三，道德规范的执行对营销道德决策的影响。例如，Singhapakdi 和 Vitell(1991)[135]的研究表明，比起没有执行道德规范的企业，在严格执行道德规范的企业中，销售人员对于道德问题的态度更为严苛，即道德规范的执行对销售人员的道德观有着重要的影响。而 Paolillo 和 Vitell(2002)[171]的研究认为道德规范的执行对于道德决策并没有显著的影响。

通过对道德规范相关文献的回顾发现，道德规范对于销售人员营销道德决策的影响的研究并没有得出一致的结论。这可能是方法也可能是研究的情境、研究的侧重点不同而造成的[165]。尽管如此，大部分学者认为企业建立和执行道德规范是很有必要的，道德规范会促进企业员工形成更为道德的理念并参与道德的行为[165,166]。道德规范的存在和执行意味着更为道德的企业信念和氛围，第一，这有助于销售人员意识到道德和社会责任对于企业成功的重要性，并可以提高销售人员对于道德价值观的感知[108]；第二，可以成功地让销售人员融入企业中，使其内化企业的价值观，明确企业期望的行为[165,166]；第三，可以成为销售人员行为的准绳和警示，即明确某种行为是不是适当的或是可以接受的，帮助销售人员更好地处理道德困境，并对销售人员可能的不道德行为起到威慑和警示作用[165]；第四，道德规范也可能是“印象管理”的一种形式，使得员工相信企业领导注重道德的行为[166]。

(5)奖罚制度。奖励是对企业业绩优秀的员工给予精神和物质的嘉奖，以对企业的全体员工产生激励作用，而惩罚是对工作不力或犯有过失、违反纪律的企业员工进行的处罚或制裁。奖励与惩罚具有激励与控制的双重功能，二者可以相辅相成，结合使用[13,172,173]。奖罚制度作为道德氛围的一个重要组成部分，会对决策者的营销决策产生重要的影响[19]。

强化理论表明，行为结果会影响决策者的行为。当行为结果对决策者有利时，该行为会被强化；当行为结果对决策者不利时，该行为就会终止或消退。强化可分为正强化和负强化，正强化会让决策者产生奖励预期；负强化会让决策者产生惩罚预期，进而影响决策者的行为。一般而言，个人都会参与到会受奖励的行为中而避免参与到会受惩罚的行为中。由于人们倾向于做受奖励和认可的事，而避免做会受惩罚的事，因此，当个人的不道德行为并没有带来惩罚或不需要为不道德行为的结果负责，甚至参与不道德行为获得订单而受到了奖励，那么不道德的行为就被强化了，会持续不断地发生[13]。而当决策者的不道德行为受到了惩罚，那么其有道德问题的营销行为发生的频率就会降低。总的来说，奖励和鼓励的行为会更经常地发生，而惩罚以及惩罚的实施会减少从事某一行为的机会[82]。大部分的相关实证研究结果都得出类似的结论：对不道德行为的奖励会增加这种行为发生的可能性[174]，而对不道德行为的惩罚则会降低其发生的频率[13]。

(6)参考群体行为。参考群体是指对个人的判断、期望或行为有重大影响的机构、个体或群体[175]。参考群体可以分为组织内参考群体和组织外参考群体。

组织内参考群体是指对决策者有重要影响的企业内的同事、上司及高层管理者；组织外参考群体是指对决策者有重要影响的企业外部的相关个体或群体[39]。组织内参考群体的行为是企业道德氛围的一个很重要的组成部分，之前的相关研究表明，组织内参考群体的行为会对决策者的营销道德决策产生重要的影响。

首先，企业内同事的行为会对决策者的道德决策产生影响。Zey-Ferrell(1979，1982)[101,176]的实证研究表明，比起个人以及高层领导的价值观和信念，同事的行为对个人不道德行为的影响更为显著，并且这种影响依赖于决策者与同事之间接触的紧密度和频繁度[177]。Beams 等人(2003)[172]的研究进一步证明同事的行为会对销售人员的道德决策产生影响。虽然有个别学者的研究认为同事对决策者的道德决策没有影响[142]，但是大部分的研究表明，同事的行为确实会预测决策者的道德行为。这是因为，同事是销售人员在企业中接触最多的群体，同事的行为会对销售人员的行为产生潜移默化的影响，一般而言，同企业中成员的行为具有一致性。

其次，上司或高层管理者的行为会对决策者的营销道德决策产生影响。早期学者的研究对影响销售人员道德行为的因素进行了影响程度排序，上司和高层管理者的影响作用最大，接着是正式的道德规范、行业道德氛围，最后是同事的行为[102]。之后的实证研究进一步证明了上司和高层管理者在营销道德决策中的影响，如 Posner 和 Schmidt(1984)[178]、Andersson 和 Bateman(1997)[179]的研究表明销售人员的道德决策取决于上司的道德行为。上司对不道德行为的姑息会造成整个企业对有道德问题营销行为的默许和鼓励[180]。此外，也有个别学者的研究认为上司或高层管理者的行为对决策者的营销道德决策没有影响[181]。但是大部分学者认为上司或高层管理者对个体的道德决策有很重要的影响，且其作用的方式主要有两个方面：一个方面是领导者的参考、模范和风向标作用，企业员工通过领导者的行为来了解企业期望和可以接受的行为以及领导者重视的价值观和目标；另一个方面是领导者的权威和奖罚权力[177]。

最后，组织外参考群体会对决策者的营销道德决策产生影响。组织外参考群体可以是同行、竞争者、顾客、家人、朋友等[39]。对于组织外参考群体的实证研究很少，仅发现两篇相关的文献，一篇研究了父母对决策者营销决策的影响，结果是不显著的[182]；另外一篇是庄贵军和郭艳霞(2008)[43]的研究，涉及了买方参考群体的索要行为对销售人员灰色营销道德行为决策的影响，其结果表明买方的行为会显著影响销售人员的灰色营销道德决策。

回顾参考群体行为对营销道德决策的影响研究发现，相对其他组织因素的研究，对组织内参考群体行为的研究不是很多，且存在不一致的结论[38]，但是在商业道德领域中，对组织内参考群体行为的研究很丰富，且大部分的研究结果都支持组织内参考群体行为对个人的道德决策的重要影响观点[183]。另外，组织外参考群体行为的研究十分缺乏，仅有两篇相关的文献，其中一篇研究结果支持组织外参考群体行为对决策者营销道德决策的影响的观点。

2.3.3 情境因素

(1)情境因素的定义和分类。Trevino(1986)[45]等学者强调了情境因素在商业道德研究中的作用。情境因素是指在特定的时间和地点，证明会影响现行的行为的所有的系统性因素，并且这些因素和个人或对刺激物属性的了解无关[184]。Ross 和 Robertson(2003)[2]在营销道德研究中将情境因素定义为对决策过程和结果有影响的决策环境的特征，情境因素包括所有与决策者和决策方案或决策本身不相关的因素。

Ross 和 Robertson 以两个维度为基础对情境因素进行了分类[2]：一种是一般和特定的情境因素；另一种是直接和间接的情境因素。情境因素的分类见表 2-4。

表 2-4　情境因素的分类

维度	一般	特定
直接	道德规范	谁会受到伤害
	道德氛围	伤害的程度
间接	薪酬体系	佣金
	组织结构	被发现的可能性
	企业和行业风气	买方索要[43]
	控制体系和机会	时机
	压力(如绩效)	
	高层管理者和参考群体的行为	

一般情境因素是指会对决策者的决策有持续影响的因素，如企业道德氛围和组织结构；特定情境因素是指与特定的决策紧密相关的那些因素，如决策可能造成的结果以及风险[2]。

直接的情境因素是指会直接诱发决策者在道德决策时进行道德考量的因素，

即在具体的情境中，可以让决策者在道德决策时考虑一种或多种可能的备选方案，如企业道德规范和氛围就属于直接的情境因素；间接的情境因素则相反，不会诱发决策者对道德的思考，如组织战略、人力资源体系就为间接的情境因素[2]。

一般直接的情境因素是与企业中的道德基调相关的因素，如企业的道德氛围和文化、道德规范。一般的间接的情境因素涉及企业的各个方面，包括组织结构、企业的政策、日常活动和行业氛围等[2]。

特定的直接的情境因素是决策者在决定实施特定的有道德问题的行为时会考量的因素，如受害者是谁、受害的程度有多大等。特定的间接的情境因素是影响决策者的决策，但不直接与道德相关的因素，如交易得到的佣金大小、受监督和控制的程度、交易时给好处的时机[13]都属于这类情境因素[2]。

总结那些有关情境因素对商业道德决策影响的实证文献，就可以发现，到目前为止，学者们主要集中在对一般情境因素的作用的考察上，而对有关特定情境因素的研究相对较少，这主要是因为特定情境因素随着道德决策在不断地变化，而一般情境因素则相对较为稳定，对一般情境因素的测量在方法论上更容易，可行性更高。另外，一般情境因素大多是那些与组织相关的政策性因素，企业可以通过控制和改变这些因素而对其组织成员的道德决策行为产生影响，而特定情境因素则相反，它是一次性因素，与决策的时间点相关，企业难以控制和影响这些因素。

对情境因素进行分类是很重要的，从理论上看，第一，研究者通过了解每类情境因素的特征和可能的影响，能更好地理解决策者在道德决策时面临的压力，以及企业为解决这些问题而制定的相应的道德政策和决策。第二，有助于预测决策者在这些情境因素下可能产生的反应。第三，辅助研究者将新的或较少受到关注的情境因素归类，通过对该类情境因素的特征和作用来推断新情境因素可能对决策者道德决策的影响以及企业的应对措施。从概念上看，一般情境因素是普遍存在的，因此在道德决策模型中都要考量这些一般情境因素，但是这不适于特定的情境因素。另外，直接的情境因素诱发对决策的道德性的考量，可以被列举或描述出来并进行直接的检验，而对间接的因素则不可行。从方法论上看，一般的以及直接的情境因素都可以通过个人或跨组织的调研或调查访问获得，特定的以及间接的情境因素则必须使用案例研究、观察法或逐个分析等方法进行研究。从实践的角度来看，由于一般性的与直接的情境因素会对决策者产生持续的影响或使决策者思考决策的道德性问题，因此，为了引导决策者做出更为道德的决策，企业可以通过制度化即制定企业政策和制度、监督以及培训来影响决策者的营销道德决策。

之前的很多学者的研究都涉及情境因素及其分类，如 Trevino(1986)[45]将情境因素划分为三类：工作环境(奖罚和压力)，组织文化(规范体系、参考群体、服从权威和对结果负责)以及工作的特点(角色和道德冲突)；Ferrell 和 Gresham (1985)[48]将企业规范、奖罚制度和职业规范、参考群体及一些具体的因素，如将机会都划分到情境因素中；Wotruba(1990)[39]提出的情境因素包括组织文化和企业规范、监督者、重要的参考群体、竞争者、顾客和法律；Hunt 和 Vitell (1986)[62]的研究将情境因素分为文化因素、行业因素、组织环境和情境限制因素。由此可以看出，Ross 和 Robertson(2003)[2]的分类方式可以囊括这些学者提出的情境因素及其分类。另外，这些学者提出的情境因素主要包括组织因素和环境因素，处于 Ross 和 Robertson(2003)[2]分类中的一般性情境因素中，而对于特定情境因素涉及的较少。

(2)情境因素的研究。回顾之前的研究发现，由于一般性情境因素对于企业来说更可控，并且可以直接通过调查访问的方式得到等原因，一般情境因素受到了学者们的广泛关注，如道德氛围、企业规范、参考群体、控制体系等。大部分的研究可以得到一致性的结论，即情境因素会对决策者的道德判断和道德行为倾向有重要的影响[38]。但是，这些研究对于特定情境因素的研究涉及得很少，这可能是由于其不可控，适用的范围较小，还需要进行观察法、案例法和深度访谈等方式才能提出并进一步检验。尽管如此，特定情境因素在道德决策中也发挥着很重要的作用[2]。特定情境因素有利于管理者加深对某一特定的或一类特定的有道德问题的行为的了解，并能制定更为具体地有针对性地道德规范和政策，以便更好地预测、防范、约束和监督有道德问题的行为[61]。

如前所述，特定情境因素是指与特定情境相关的因素，是决策者在决定实施特定的有道德问题的行为时会考量的因素[2]。之前的个别学者也关注并强调特定情境因素在道德决策中的作用。例如，Robertson 和 Ross(1995)的研究表明，潜在订单的大小，达到定额的程度，被抓住的可能性，可能被抓住的模糊性都会直接地影响道德判断并间接地影响销售人员的行为倾向[185]；庄贵军和郭艳霞(2008)的研究表明订单大小[156]和买方索要[43]会影响销售人员的灰色营销不道德性评价以及其灰色营销行为倾向。在为数不多的研究中可以发现，特定情境因素确实对决策者的道德决策有着显著的影响，值得进一步探索和检验。

2.3.4 道德强度

Jones(1991)[83]在其问题权变模型中提出了道德问题的强度(Moral Intensity)的概念，其又可以简称为道德强度。道德强度是指道德问题本身的特征，是包含 6 个维度的多维度概念(见 2.2.4 节的内容)。

道德强度关注的是道德问题本身在道德决策中的作用，与决策者本身的特性，如道德认知发展阶段、环境依赖度、控制中心，以及组织因素，如道德氛围、控制体系是不同的[83]。自道德强度概念提出以来，学者们进行了大量的实证研究，这些研究主要涉及两个方面：一方面是道德强度的维度，学者们的研究结果并不一致，如 Valentine 和 Silver(2001)认为道德强度都在一个维度上[186]；Singhapakdi、Vitell 和 Kraft(1996)的因子分析结果将道德强度分为 2 个维度：感知的社会压力(社会共识和亲密程度)和感知的潜在后果[187]，而 Waldron[188]将道德强度分成 6 个维度，与 Jones 提出的 6 个维度是相同的。另一方面是检验道德强度对道德决策的影响作用。其中，后果的严重性以及社会共识对营销道德决策的影响作用受到一致地认同，即后果越严重，社会对行为不道德性的共识越一致，决策者对行为的评判就越道德，也越倾向于参与道德的行为中[38]。而学者们在其他几个维度的影响作用方面并没有得出一致性的结论，如 Carlson 等人[189]的研究表明亲密度对道德性的判断有影响，影响的中心性和影响的可能性对道德判断没有影响；而其他的一些研究却认为亲密度对道德判断没有影响[190]，影响的中心性和影响的可能性对道德判断有显著影响[188]。对于道德强度的结论存在不一致的原因，学者们归结为研究方法和情境因素的不同，如组间设计和组内设计的不同、将道德强度作为处理或仅测量感知的道德强度得到的结果都是不同的[191]，道德强度对道德决策的影响作用会随着文化以及道德问题类型的不同而不同[192,193]。

相对于个人和组织因素，对道德强度的研究并不多，但这一因素受到越来越多的学者的重视，之前的相关研究关注的是道德强度对道德决策各个阶段的直接影响作用，如对道德判断和对行为意向的影响，且这些研究结果支持了道德强度在道德决策过程中的作用，特别是社会共识和后果严重性的影响作用。

2.3.5 关系

从一般意义上讲，关系是指人际关系。从广义上看，人际关系是人和人之间由于交往和联系而产生的对双方或多方形成的一种“心理联系”和相应的行为表现[194]，包含认知、情感和行为3个部分[195]。关系的特点表现在：第一，关系是有等级的，人们更愿意与自己关系亲近的人交往；第二，亲近的关系建立在相互信任的基础之上；第三，互惠是关系中最重要的特点，不遵守互惠原则就很有可能失去关系网和嵌入其中的各种资源[196]。关系可分为两类，即工具性关系和非工具性关系。工具性关系的目的是达到自己的目标和获取各种利益，非工具性关系的目的是人与人之间的和谐。虽然存在工具性的关系，但是在中国文化传统上，工具性的关系并不被认可[49]。

在学者们的实证研究中，关注了关系的不同含义或概念对道德决策的影响作用。如单独或同时采用亲近、情感、信任、送礼、人情和面子等题项来测量关系[197~202]；或使用社会资本和/或人脉[203,204]、关系导向[53]等概念来替代关系概念。通过对相关研究的归纳和总结，可以得到几个意思相关但内涵不同的“关系”概念，这几个概念主要包括关系规范、关系导向、关系状态和关系行为。关系规范是指对关系双方的行为起指导或制约作用的社会规范[202]。虽然不同学者对于关系规范包含的具体内容有差异，但是都包含人情(Reciprocal Favor)、面子(Manzi/Face)、礼(Rite)这3个要素。“人情”即“相处之道”，是一种指导一个人如何与他人友好相处的社会交往规范[205]。具体表现在：第一，平常的时候，个人应当用馈赠礼物、互相问候和拜访访问等方式和其关系网内的其他人保持联系以及良好的人际关系。第二，当关系网内的人遇到困难时，其他人应当给予同情、鼓励和支持，尽量地帮助他，即“做人情”给他，被帮之人由于欠了人情应当在改日寻找机会回报，所谓“滴水之恩，涌泉相报”，即“人情法则”。“面子”是一个人的公众形象[206]，是关系发展和维持的一个关键因素。表现为在公众场合要维护自己圈内其他人的面子，给面子和留面子，不能使其在公众面前丢面子。受面子之人则要懂得回报。“礼”，中国是礼仪之邦，“礼尚往来”是人们在生活中遵守的规则。

关系导向表明了人们采取行动与他人建立良好人际关系网络的倾向性[53]。在中国文化情境下，人们认为关系网络对于自己的生活和工作有着非常重要的意义，所以总是渴望与他人建立良好的关系，进行合作等，以达到期望的结果。

关系状态(Relationship State)是指人际关系的质量，如互动状况和亲近程度[202]。通常，中国人用好或不好、近或不近、铁或不铁来形容[207]。亲密、活动频繁的私人关系则为好，反之则为不好。具体包含了既定、工具和感情三种成分，其中，既定成分，即关系的既定基础成分，类似于关系种类，虽然不同的学者有不同的划分，但都是基于儒家学派的五伦，即君臣、父子、夫妻、兄弟和朋友之间的关系等。工具成分是指双方通过交往之后对他们交往的目的是否会感到满意，如参与到对方的以交流感情为目的的生日会中等。感情成分，即双方在交往过程中，为对方付出感情而不会计较得与失的状态。

综上所述，关系规范、关系导向和关系状态概念之间是有差异的，而之前的研究，大多将关系和关系规范、关系导向和关系状态等同一个概念，或将关系状态和关系规范统称为儒家关系道德(Confucian Relational Morality)[57]，本书运用关系状态的概念(之后用私人关系来指代关系状态这一概念)，主要关注关系状态中的感情成分。

此外，在关系和商业道德的研究中，受到关注度最高的就是关系行为(Relationship Behaviors)[208]。关系行为是指人们用于发展、维持或利用人际关系的行为或做出的努力[202,209]。当关系行为是非工具性时，这种关系行为符合延续在中国文化中的人伦道德观念，通常来讲是不会涉及社会道德问题的[202]。但是，当关系行为掩盖在中国关系文化的表面之下，实际上是想通过建立发展和利用关系来谋取经济利益，甚至成为寻租行为时，则会带来很大的道德问题[49]。正是因为工具性关系行为的存在使得许多西方的学者和企业认为中国的关系行为就是贿赂或腐败的代名词[210]。Luo 和 Chen[211]也指出“过分强调关系中的‘请吃’和‘送礼’，这是很危险的。因为过分强调这些反而可能变成行贿或被他人视为‘酒肉朋友’，而在中国的社会中‘酒肉朋友’代表了不值得信任”。由此可以看出，由于关系具有的工具性和情感性特点，使得关系行为的道德性问题变得模糊。之前对关系行为的道德性的研究，也因为将工具性和非工具性关系行为混淆而变得矛盾[29,53,56]。虽然工具性关系确实存在，但是从中国文化上讲，它并不被认可，当一个人意识到另一个人与他交往是因为他有利用价值时，就会从内心深处感到不自然。在理念上，中国人更喜欢自然而然地交往。因此，中国人的关系行为更多的是非工具性的，即指情感性层面的。而“工具性的关系行为”则成为不道德行为的源头，也是不被中国文化所认可的，有学者将其称为贿赂、腐败或寻租行为[210]。由此可以看出，本书中的灰色营销行为，是指企业营销中以请吃、请玩、送礼、给回扣等手段销售产品的行为，是一种有道德问题的营销方法[13]。灰色营销行为带有很强的目的性和工具性，更多的是关注人与人之间的利益交换，与中国文化传统中的关系行为有着明显的差异[53]。即便如此，在中国文化背景下，个人受关系传统文化的影响，在灰色营销决策时可能会受到更多的困惑和干扰，之前在中国的灰色营销研究就指出，公众对一般性的请客、送礼比较宽容，对送大礼和收回扣这种赤裸裸的利益交换行为则比较严苛，对灰色营销的各种行为也表现出不同的行为倾向[33]。因此，在中国文化背景下，研究关系对灰色营销行为的影响作用机制是十分必要的。

回顾关系在商业道德决策中影响作用的研究，发现学者们的观点和结论之间存在分歧。虽然大部分学者认为关系会带来道德的行为和企业的竞争优势[212,213]，但是有另外一些学者认为关系会导致不道德行为的发生，如商业腐败和贿赂，这些不道德行为会降低商业活动的有效性[29,196,214]。此外，之前的研究关注的是与商业道德行为相关的情境，如会计、举报、消息泄露等[41,50,196,215]，很少有研究关注的是营销道德行为，只发现一篇文献检验了关系类型(家人和同事)对管理者的贿赂行为的影响[10]，更没有研究涉及灰色营销。

综合以上营销道德影响因素的相关研究可以发现，学者们在进行因素研究时，大体上将影响因素分为个人、情境、道德强度、关系四大类，而情境因素又可细分为组织、环境以及特定的情境因素。在相关的实证研究中，个人和组织因素受到更多的关注，道德强度和关系这两个因素也越来越受到学者们的重视，也有一些学者开始关注特定情境因素在决策中的重要作用。个人因素中的人口统计因素、个人道德观以及特性的相关研究较多，行为合理化这一因素近几年才被运用到营销道德领域，会对营销道德决策产生重要的影响作用，但是相关研究较少，并且没有关注其在营销道德决策中可能产生的调节作用，更没有涉及灰色营销问题，因此值得进一步的研究；组织因素属于情境因素中的一般性情境因素，其中，薪酬体系、控制体系以及道德氛围是研究的重点，特别是道德氛围中结构性维度受到大量的关注(如道德规范和奖罚制度)，而情感性维度如参考群体行为的研究相对较少，组织外参考群体的研究则更为缺乏；特定情境因素会随着决策道德不同而不同，在道德决策中有着重要的影响作用，但是相关的研究很少，值得进一步的研究；道德问题的强度的维度划分并而没有一致的结论，但是社会共识和后果的严重性这两个维度受到更多的关注，并且其在营销道德决策中的作用得到了一致认同，而其他几个维度的作用受到部分或很少的支持；关系这一因素在近几年越来越受到学者们的关注，学者们在研究时运用了不同的关系概念，其影响作用没有得到一致的结论。其中，关系类型、关系规范、关系导向的研究相对较多，关系状态的研究较少，且这些研究针对的是商业道德问题而不是营销道德问题，仅发现一篇文献涉及关系对于营销道德决策的作用，但没有涉及灰色营销问题。最后，之前的研究绝大多数关注的都是这些因素在营销道德决策中的直接作用而较少关注其在道德决策过程中可能产生的调节作用。但是，对调节作用的研究是很重要的，它有助于扩大对营销道德决策过程的理解，发现决策过程中的边界条件，即在什么样的情况下道德决策过程之间的关系是成立的或更为显著[38]。

2.4 灰色营销

2.4.1 灰色营销的概念

在灰色营销理论中，灰色营销一般代表两种意思，一种是针对老年人的营销活动，也称为银色营销[216]；另一种是指有道德或法律问题的销售活动，如平行进口或窜货问题[217,218]。Zhuang 和 Tsang(2008)[13]在第二种灰色营销理论基础上对灰色营销概念进行了扩展和抽象，并认为灰色营销的概念有广义和狭义之分。

广义的灰色营销是指在道德或法律上存在争议，或虽然在道德或法律上有问题但由于某种原因法律难以制裁的营销活动[33]，可以发生在营销的各个环节上[217]，如发生在渠道中的窜货问题[217]；发生在广告领域的虚假广告[219]等。灰色营销具有一定的隐秘性，在私下里进行，难以取证，或是相关的法律体制不够完善，因此，灰色营销行为从根本上来看是“灰色的”，而不是“黑色的”(违法行为)。由于道德和不道德，违法与合法之间很难划出明确的界限，因此就出现了灰色领域。灰色领域可分为两类：灰色市场和灰色营销。灰色市场是指交换有道德问题的产品或服务；灰色营销是指使用有道德问题的营销方式，主要是指用有道德问题的营销方式来销售合法的产品或服务。

狭义的灰色营销特指发生在销售或推销中的请吃、请玩、送礼、给回扣、拉关系等有道德问题的营销方法和营销行为[13]。其本质是在营销活动中，由某一交易方(卖方或买方)采取主动，而使得双方采取一些在道德和法律上存在争议的方式，通常是卖方向买方代理人出让利益，以完成交易的营销方式。出让利益的方式有：请吃和请玩、送礼和回扣、拉关系，或某种承诺，如卖方代理人承诺为买方代理人办好子女上学问题等[34]。

狭义的灰色营销与一般性的有道德问题的营销行为(广义的灰色营销)有一个重要的区别：前者具有相互性和对偶性，即买方和卖方都存在道德问题。表现在：若某企业的销售人员使用送礼或其他方式对另一企业的采购人员出让利益，此时，销售人员和采购人员都参与了灰色营销[220]，双方都对灰色营销行为负有责任，在一定程度上违背了道德，通过牺牲他人或社会的利益而使自己获利。这一特点决定了灰色营销双方的行为是“灰色的”，而不是“黑色的”，他们之间是“灰色利益共同体”——虽然知道对方的行为存在道德或法律问题，但谁也不会告发对方，因为告发对方就等于告发自己[34]。而广义的灰色营销虽包含狭义的灰色营销，但更多地是指卖方一方的行为存在道德或法律问题，如隐瞒产品信息、欺骗消费者、虚假的广告等。

本书的灰色营销为狭义的灰色营销，主要关注在交易过程中企业和客户间的有道德问题的营销行为，以给好处费为典型的代表形式。

2.4.2 灰色营销的相关理论

下面主要关注灰色营销产生的条件、灰色营销的本质、灰色营销的目的、灰色营销的结果和对灰色营销道德性问题的评价。

采购代理制的存在是灰色营销产生的首要条件[221]，即专门的采购代理人存在于买方企业中，采购代理人与企业之间是一种委托代理关系[222]。委托代理关系是一种契约关系，是指委托人授权代理人从事某些活动以实现委托人的利益，授权包括授予代理人一些决策权[223]。在委托代理关系中的委托人和代理人之间，存在信息不对称和目标不一致的问题，那么“道德风险”的发生就难以避免。道德风险是指在经济活动中，代理人为了增进自身效用的最大化而做出对他人不利的行动。道德风险会使得委托人的利益受到损害，即这种采购代理制中存在的委托代理关系，为代理人的机会主义行为提供了空间。一方面，买方采购代理人可能会利用采购代理权为自己谋取私利，即产生了“灰色需求”[221]；另一方面，卖方的销售代表能够提供“灰色利益”以满足采购代理人的需求，进而影响采购代理人的采购决策以实现自己的利益目标。

通过以上分析可以看出，灰色营销的本质是卖方销售代表通过给买方代理人出让利益的方式而销售产品或服务[33]，即卖方向买方代理人出让利益，会对买方代理人的采购决策产生影响，促使其采购决策有利于卖方的利益。而买方的采购代理人虽然获得了个人利益，但是会直接或间接对公司或组织的利益造成损害。

灰色营销的目的[15]可能是更加安全地获得订单，即使卖方有资格和条件通过正当的方式获得的订单；或是为了获取不公平的利益，即让采购方接受卖方比竞争对手更高的产品报价且更为低劣的产品或服务；抑或是避免遭受买方的不公平待遇和威胁，如采购代理人向卖方索要好处费，否则不签订采购合同。

灰色营销的结果会使买卖双方的某一部分个人或组织受益，但是会带来巨大的社会成本，并会给企业、消费者、竞争者和其他利益相关者都造成损害[15]。第一，从买方企业来看，灰色营销可以满足采购代理人的灰色需求，并影响其采购决策。采购代理人的以权谋私会损害企业的利益。此时，采购代理人往往购买的是包含灰色利益较高的产品而不是性价比最高的产品，企业的品牌和声誉会因灰色营销而受到威胁。此外，买方企业的资产流向采购代理人的腰包，会对组织内部造成恶劣的影响，其他员工也会效仿以谋取私利，进而在买方企业内产生离心作用[33]。第二，从卖方企业来看，卖方企业和销售人员的目标一致，因此灰色营销带来的后果主要表现在卖方企业的营销效果上而不是企业和销售人员的关系上[224]。灰色营销对卖方企业营销效果的影响作用，依赖于灰色需求的大小和其他的企业参与灰色营销的情况。当灰色需求很小时，灰色营销的影响效果不显著；当灰色需求很大且其他企业不参与灰色营销时，灰色营销会带来显著的效果；当灰色需求很大且其他企业也参与灰色营销时，灰色营销带来的效果会由于“踮脚尖效应”[225]而大打折扣，因此，“踮脚尖效应”的存在使得灰色营销可能在短期内为卖方企业带来利益，但从长期来看灰色营销会害人害己。第三，从第三方来看，如卖方的竞争对手，灰色营销作为不公平的竞争手段会使不愿给买方代理人提供灰色利益的第三方被淘汰。然而，第三方同样也可以从事灰色营销，一旦大家都参与到灰色营销当中，决定成败的就是企业提供灰色利益的能力而不是参与灰色营销与否。在这场博弈中，当市场上总供求不变，灰色营销会被不断地强化，直至一方或双方受到成本的限制[224,225]。第四，从整个社会来看，灰色营销不能促进总需求量的扩大，仅能调整总供给中可以实现的那部分价值，并且这种调整并不是以优胜劣汰为基础的，因此，会恶化市场竞争环境，毒化社会风气[33]。

有关灰色营销的道德性问题，国内外的学者基本上得出了一致性的结论。回顾营销道德的相关文献可以发现，对于给采购代理人送礼的道德性和合法性在中西方都不明确，特别是在注重关系文化的中国，送礼是人们日常生活中的一部分，因此，在商业活动中将有功利目的的送礼和中国传统中联络情感的送礼行为进行区分会有一定的困难；此外，送礼的道德性与礼品的价值和用途相关。但是大部分学者认为送礼是有道德问题的行为，如 Ross 和 Robertson(2003)[2]将送礼等同于贿赂，如送现金或贵重物品，他们认为送礼会使得采购代理人忽略道德决策标准，仅以个人利益，而不是以产品或服务本身的特征及其相关条件为基础来进行采购决策，因而送礼具有不公平性，是存在道德问题的。

无论在国外还是国内，贿赂和给回扣的不合法和不道德性都毋庸置疑。Dunfee、Smith 和 Ross(1999)从社会契约理论的观点分析得出商业贿赂是不道德的这一结论。而且国外相关研究表明商业贿赂和回扣是不道德的行为[226]。在中国也有相关的法律(《中华人民共和国反不正当竞争法》第二章第八条)禁止回扣行为，但是由于回扣的隐秘性和对偶性使其难以受到法律的监控而带有更多的“灰色”性质，因而在中国的营销实践中仍然普遍存在且屡禁不止。国内庄贵军(2004)[33]学者得出与国外稍有区别的研究结论，即人们对销售人员给回扣的行为有中性的道德评价，对采购人员收回扣的行为有负面的道德评价。

此外，庄贵军学者的研究表明[33]，人们对不同的灰色营销方式的道德评价是不同的。人们仅对采购人员收受回扣和事前收礼有负面的道德评价；对采购人员的事后收礼和收亲戚的礼，以及销售人员给回扣、事前送礼和给亲戚送礼有中性的道德评价；对采购人员请吃、销售人员请吃和事后送礼有正面的道德评价。这在一定程度上可以反映出中国传统的关系文化，如讲究人情法则、注重礼尚往来对人们产生的影响，即对一些有道德问题的灰色营销行为并不反感，此外，这还可以反映出在中国灰色营销与一般性的礼尚往来间的界限并不十分明确。所以，现阶段中国的市场营销会掺杂更多灰色的成分。

2.4.3 灰色营销的研究

国内关于灰色营销行为的研究文献已有不少，从内容上看，国内学者早在20世纪80年代末就开始了对灰色营销行为个别现象的研究。例如，樊纲对于中国“走后门”现象的探讨[227]。“走后门”现象与本书中的灰色营销行为是比较相似的，二者的共同之处在于，“走后门”和灰色营销都属于买卖双方都有道德问题的买卖行为。二者的不同之处在于，“走后门”现象多发生在供不应求的卖方市场环境下，体现为卖方代理人利用代理权为自己谋私利；灰色营销行为多发生在供过于求的买方市场环境下，体现为买方代理人利用代理权为自己谋私利。随着中国经济发展和经济转型，中国的市场环境从20世纪90年代初开始发生了根本性的改变。市场上供过于求的现象逐渐取代了供不应求的现象，卖方“走后门”行为也逐渐取代了买方“走后门”行为。各种类型的灰色营销行为大行其道。其中，收受回扣现象受到更多的关注。尽管国家政策[228]和法律明文禁止收受回扣(1993年颁布的《中华人民共和国反不正当竞争法》第八条“在账外暗中给予对方单位或个人回扣的，以行贿论处，对方单位或个人在账外暗中收受回扣的，以受贿论处”)，但是由于买卖双方代理人都会因回扣而获利，双方都不会告发对方，所以难以取证，因而想通过法律来规范回扣是很困难的。这也成为回扣在中国的营销实践中普遍存在，甚至演变为推销中的“潜规则”的原因之一[28]。针对回扣的相关问题，学者们探讨了回扣的定性问题[229]、根源与后果[230]以及治理对策[230,231]。这些研究虽然对认识灰色营销行为有很大的助益，但是它们没有对回扣的相关问题进行实证性的检验而仅停留在理论推导层面，另外，这些研究缺乏对请客、送礼等其他灰色营销行为的探讨，而更多的是仅针对灰色营销行为中的回扣行为。请客、送礼等灰色营销方式虽然与回扣在本质上是没有区别的，但是比起回扣，请客、送礼等灰色营销方式的道德性更难界定，尤其是在中国注重礼尚往来的文化背景下，请客、送礼等行为在企业营销实践中十分普遍，并会更具有灰色的性质。此外，请客、送礼等行为更容易体现购销人员的道德决策在文化上的差异[13]。因此，之前的研究只关注回扣而不探讨请客、送礼等其他的灰色营销方式，从内容上来说是不完整的。

国外学者对个别灰色营销现象的研究始于 20 世纪 70 年代末期，如一些研究对回扣等不道德行为决策进行了探讨[232]，对送礼和回扣或变相回扣手段进行推销的调查[16]以及对行业协会通过行业规范抑制不道德商业行为进行的讨论[17]，经过 30 多年的研究，国外已经积累了大量相关的研究文献[38]。但是，这些国外的研究更多的是把灰色营销的个别现象作为一般性的营销道德问题来看待，没有看到灰色营销和一般营销道德问题的不同之处，因而没有将其作为一个独立的现象进行研究。另外，国外(除美国外)虽然有一些涉及送礼行为的研究，但是这些研究并不是从营销道德的角度来研究的，而是仅仅将送礼行为看作是一种文化现象来进行探讨[233]。

从方法上看，国内外灰色营销的相关研究可分为两类：规范性和实证性研究[38]。规范性研究主要是以道德哲学理论作为基础，对为什么是正确的或错误的提供准则和评判，并为面临道德困境的决策者应该做什么提供指导[38]。例如，Ramsey(1989)[234]的研究指出送礼和收礼行为是存在道德问题的行为，采购人员在进行决策时应该考虑的是与产品相关因素而不是其他不相关的因素，如送礼。而实证性研究主要涉及实证或模型化道德决策的制定，解释和预测决策者实际的行为，即决策者在实际面临道德困境时是如何做决策的[38]。虽然规范性和实证性研究在灰色营销理论的发展方面都发挥了很重要的作用，但是实证性研究受到学者们更多的关注。在实证性研究中，学者们一方面了解和对比不同群体(如销售人员、采购人员和公众)对一些灰色营销行为的道德认知和道德判断，如 Forker 和 Janson(1990)[37]的研究表明采购人员认为从道德上来看请吃是可以接受的；庄贵军等人(2004，2006)[33,34]的研究表明公众对于推销中不同的灰色营销行为的道德评价是不同的。另一方面，学者们建立了灰色营销行为决策模型，并检验灰色营销行为决策的影响因素。例如，Zhuang 和 Tsang(2008)[13]建立了灰色营销决策模型，如图 2-7 所示，检验了销售人员同情、企业惩罚和不道德性评价等因素在销售人员灰色营销行为决策中的影响作用。

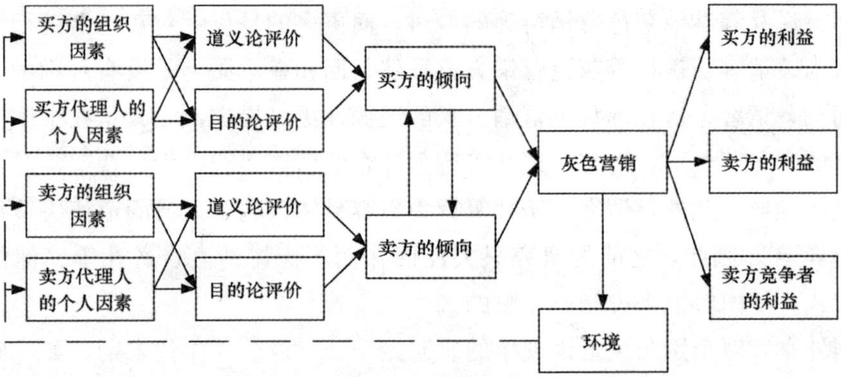

图 2-7　灰色营销模型

回顾之前的研究可以发现，首先，专门针对灰色营销建立的模型也是以 Rest 的四阶段模型为基础的，并且与 Hunt 和 Vitell 营销道德理论模型一样，考虑了道义论和目的论两个方面的评价，强调参考群体的影响作用，但是这个模型没有考虑个人或情境因素的权变作用；其次，关于灰色营销的实证研究仅关注这些因素的直接影响作用，而没有关注个人和情境因素在灰色营销行为决策中的调节作用；最后，仍然有很多重要的影响因素有待进行进一步实证性的检验。国内外的灰色营销研究见表 2-5。

表 2-5　国内外的灰色营销研究

作者：期刊，年份	灰色营销行为	研究方法	研究内容和结论
Halvorson，Rudelius：JM，1977[235]	请吃	实证研究	销售方和采购方都认为吃饭是双方互相了解的一个重要途径。吃饭并不会直接导致订单的签约，但有助于发展私人关系，从而对签单产生作用

续表

作者：期刊，年份	灰色营销行为	研究方法	研究内容和结论
Hegarty&Sims：JAP，1978[232]	回扣	实证研究	对回扣的奖励和激烈的竞争会增大销售人员给回扣的可能性
Hegarty&Sims：JAP，1979[139]	回扣	实证研究	企业的道德政策会降低销售人员的不道德行为
Rudelius & Buchholz：HBR，1979[236]	送礼、娱乐、旅行	实证研究	供应商的送礼，娱乐和旅行以及特殊优待是采购管理者面临的最大的道德困境
Dubinsky & Gwin：JPMM，1981[237]	不明确	实证研究	销售人员很少受到道德问题的困扰，认为参与不道德行为在销售中是很必要的，因为市场竞争很激烈
Browning，Zabriskie：IMM，1983[238]	礼物、娱乐	实证研究	给好处是做生意的一个很重要的方式。采购人员认为他们有更高的道德信念和道德行为
Hite，Bellizzi：IMM，1987[239]	请吃、送礼、娱乐	实证研究	请吃是一种最主要的款待方式，是对客户施加影响、获得销售成功的主要途径，其次是送礼，最后是娱乐。销售人员赞同送生日礼物的款待方式，但是不同意以送圣诞礼物的方式与客户建立关系
Ramsey：PSM，1989[234]	送礼、收礼	理论推导	礼物实际上就是贿赂，只是因为其本身的属性，而与其价值无关。采购人员决策时，只考虑价格、质量、运输等因素，而不是一些与其职业无关的因素，如礼品、款待或旅行
Forker，Janson：JPMM，1990[37]	收礼	实证研究	97%被调查的采购人员收礼，相对于1979年的79%有所增加，但是收礼的频率降低了。68%采购人员认为请吃在道德上是可以接受的。被调查者关心组织中针对销售和采购的双重标准，尽管有71%的公司已经采取了同样的标准(1975年是55%)。正式的道德政策会降低不道德行为发生的频率

续表

作者：期刊，年份	灰色营销行为	研究方法	研究内容和结论
Dubinsky et al.：JPSSM，1992[35]	送礼、娱乐	实证研究	销售人员认为给采购人员提供礼物会增加道德困境，年轻的销售人员更可能采用有道德问题的行为
Narayanam：PSM，1992[240]	贿赂	理论推导	贿赂在采购中很流行，已成为采购实践的组成部分
Arkingstall：PSM，1994[241]	收礼	实证研究	75%被调查的采购人员会接收不小的礼物，在过去两年内43%的人收礼次数超过一次，其平均值是7，虽然已经违背了组织道德规范，但是他们认为这很正常
Turner et al.：IJPMM，1994[242]	吃饭、送礼、娱乐	实证研究	采购人员普遍会接受吃饭、送礼和其他的款待方式，但是他们的行为会受到组织道德政策的影响，在销售中存在灰色行为的组织中，采购人员更容易接受好处
Wood：JMP，1995[220]	给好处	理论推导	回顾和讨论销售与采购之间道德的双重标准
Powpaka：JBE，2002[58]	贿赂	实证研究	贿赂的行为倾向与态度和主观规范正相关，与感知的选择负相关
Ross，Robertson：JBE，2003[68]	送礼	实证研究	送礼被认为是不道德的行为，情境因素、个人因素会影响送礼行为
Millington et al.：JBE，2005[29]	送礼	实证研究	送礼、非法费用、腐败和追求个人利益是在中国的英国公司面临的主要问题。企业通过改变员工角色和制定交互责任来减少送礼行为
Zhuang & Tsang：JBE，2008[13]	回扣、送礼、请吃、娱乐	实证研究	人们对买方灰色营销行为的态度更为负面。感知的不道德性，对灰色营销的同情和对灰色营销的惩罚会影响灰色营销行为倾向
庄贵军：北京商学院学报，1997[221]	灰色营销	理论推导	提出了一个初步的灰色营销概念，灰色营销的几种具体形式及其产生条件，研究回扣与折扣的区别
庄贵军：价格与市场，2002[225]			灰色营销的定义、灰色营销产生的前提和灰色营销的结果

续表

作者：期刊，年份	灰色营销行为	研究方法	研究内容和结论
庄贵军：中国流通经济，2004[31]	灰色营销行为几种方式	实证研究	人们对于推销中不同的灰色营销手段有不同的道德评价，且对某些有道德问题的营销行为并不反感；在道德评价上，人们对于推销人员的灰色营销行为的反感程度明显低于采购人员的灰色营销行为
庄贵军：南开管理评论，2004[33]	灰色营销行为几种方式	实证研究	建立了一个灰色营销模型，且得出结论：人们对采购人员请吃、推销人员请吃和事后送礼的道德评价是相当正面的；对采购人员事后送礼和受亲戚的礼，以及推销人员给回扣、事前送礼和亲戚送礼的道德评价是中性的；但是对采购人员事前送礼以及收回扣是负面的道德评价。对灰色营销的不道德性评价、同情和惩罚预期会影响人们的灰色营销倾向
庄贵军：营销科学学报，2006[34]			研究营销人员对灰色营销行为的道德评价及其影响因素，得出以下结论：营销人员对灰色营销行为的不道德性评价低于企业的其他人员，对灰色营销行为的同情和行为倾向高于其他的组织成员；灰色营销行为倾向与对其不道德评价和惩罚预期负相关，与对灰色营销的同情程度负相关，与自视的道德水准无关
胡荣，陈圻，袁鹏：价值工程，2006[243]	回扣	模型推导	用博弈论方法从买方企业、买方采购人和卖方企业3个方面对回扣等现象分析，得出均衡解
庄贵军，郭艳霞：营销科学学报，2008[43]	给好处	实证研究	买方索要和大订单，会降低卖方销售人员不道德评价，并提高灰色营销的行为倾向；还会直接影响卖方销售人员的灰色营销行为倾向
庄贵军，周筱莲，彭茜：南开管理评论，2009[14]	回扣、送礼、请吃、娱乐	实证研究	短期的道德培训能使被培训者对于灰色营销的道义论评价和目的论评价得到改进，但不能使被培训者灰色营销行为倾向降低；人们的灰色营销道德评价，道义的和目的的评价会显著影响其灰色营销行为倾向，但对短期道德培训和灰色营销行为倾向间的关系没有中介作用

续表

作者：期刊，年份	灰色营销行为	研究方法	研究内容和结论
彭茜，庄贵军，郭艳霞：管理学报，2 012[30]	给好处	实证研究	不道德性评价会抑制销售人员灰色营销行为倾向；企业默许会提高销售人员的灰色营销行为倾向；销售人员感知的选择自由度会降低其灰色营销行为倾向，还会调节不道德性评价与灰色营销行为倾向之间以及企业默许与灰色营销行为倾向之间的关系

2.5　本章小结

根据本书在绪论中提出的研究问题，本章有针对性地对以下几方面进行了文献回顾：营销道德的规范性方法和实证性方法，营销道德决策的有代表性的概念模型，影响营销道德决策的因素，包括个人因素、组织因素、特定的情境因素、道德强度和关系，以及灰色营销的相关概念和研究。对这些相关文献的内容进行了较为全面的梳理，了解相关内容的主要观点、结论以及逻辑脉络，为下一章“模型构建与假设提出”奠定了理论基础。

具体而言，营销道德的相关研究分为规范性研究和实证性研究两类。这两类研究对于营销道德理论的发展都很重要，但是学者们更多地关注营销道德的实证性研究。实证性研究主要有两个关注点：第一，建立道德决策模型。大部分模型都是在 Rest 的认知模型上逐渐发展起来的，结合了更多的个人和社会学习的因素，如 Trevino 的个人与情境交互作用模型[45]、Ferrell 和 Gresham(1985)提出的营销道德决策模型[48]、Hunt 和 Vitell(1986)的营销道德决策理论模型[62]、Jones 的问题权变模型[83]、Zhuang 和 Tsang(2008)建立的灰色营销决策模型[13]等。另外，虽然也有个别学者尝试用其他领域的模型和理论直接研究营销道德决策，关注一些被其他模型忽略的因素，如计划行为理论中的感知的选择，社会网络观点中的关系，但是这类模型和其他模型有一定的契合，并不冲突。具体表现在：这些模型都认为道德判断和道德意向是营销道德决策过程中最为重要的两个要素；道德决策过程会同时受到内部和外部因素即个人特点和环境的影响，这些因素不仅对营销道德决策有直接的影响，各个因素之间的交互作用也会影响道德决策。第二，影响因素的检验。大量文献检验了个人因素、组织因素、特定的情境因素、道德强度和关系等因素在营销道德决策中的作用。然而，学者们更多地关注个人因素、组织因素和道德强度的影响作用，而忽略了参考群体的影响作用特别是组织外参考群体的影响作用、关系和特定的情境因素的作用，其中，对关系概念的混淆得出的结论也是不一致的。此外，这些研究仅关注这些因素，如个人和情境因素对于营销道德决策的直接或间接的影响，而对个人和情境因素对营销道德决策过程的可能的调节影响则缺乏相应的研究。第三，回顾的大部分的营销道德研究中虽然涉及灰色营销的个别现象，但是这些研究大多是在一般性的道德框架下进行的或仅被当作一种文化现象来考察[233]，并没有将这些灰色营销作为一种独特的、“销售和采购双方都存在道德问题的营销行为”[33]而进行专门的研究。在针对灰色营销的研究中，学者们也主要检验个人和组织因素的影响作用，如同情、不道德性的评价和企业惩罚等因素对决策者的灰色营销行为道德判断或行为倾向的影响，但是还有很多重要的影响因素有待进行进一步实证性的检验，如关系、参考群体行为、个别的个人因素，如行为合理化以及特定的情境因素，如时机。

本书根据灰色营销以及销售人员的特点，在文献回顾的基础上，针对前人研究的问题和不足以及本书的研究重点，在中国经济和文化环境下，站在卖方的立场上展开灰色营销研究，主要关注个人因素中的行为合理化、组织因素中的参考群体行为、特定的情境因素、时机以及关系在销售人员灰色营销行为决策中的作用。

3　模型构建与假设提出

3.1　概念模型的建立

如前对营销道德和灰色营销相关研究的回顾，灰色营销属于营销道德的范畴[13]。与营销道德的相关研究相似，国内外学者的灰色营销相关研究也主要包括两类[244]：规范性方法研究和实证性方法研究。虽然这两类研究对于灰色营销理论发展都很重要，但是更多的学者关注的是实证性的研究[38]。早期的研究关注于了解和对比不同群体，如公众、采购人员和销售人员对不同灰色营销行为的道德认知和道德判断[31]。例如，Dubinsky 和 Gwin(1981)的研究比较销售人员和采购人员对灰色营销道德问题的认知差异[32]；庄贵军等人(2004，2006)[33,34]的研究表明公众对销售中不同的灰色营销行为有不同的道德性的评价。之后，人们更多地关注营销人员的灰色营销道德决策过程，建立灰色营销的道德决策模型。例如，Zhuang 和 Tsang(2008)建立了灰色营销决策模型[13]，并检验了对灰色营销决策可能产生影响的因素，包括个人因素中的人口统计特征，如性别[34]、年龄[35]、教育培训[14]和道德价值观或道德水准[33]等；组织因素，如控制体系[36]、企业奖罚[33]或默许[30]、道德规范[37]等。这些研究强调了个人和组织因素的重要性以及对灰色营销道德决策的影响作用，为理解灰色营销道德决策过程、发展营销道德理论做出了贡献。但是这些研究还存在对影响因素研究不足，如没有关注私人关系和参考群体行为在灰色营销行为决策中的作用，以及没有考虑影响因素，如个人因素和情境因素对灰色营销道德决策的权变作用而造成决策模型的解释力不足的问题，因此需要进一步的研究。

因此，本书根据灰色营销以及销售人员的特点，在文献回顾的基础上，针对前人研究中存在的问题和不足以及本书的研究重点，以中国企业间购销关系为研究平台，从卖方的角度，关注私人关系和组织内及组织外参考群体行为对销售人员的灰色营销行为决策中的道德判断和道德行为倾向这两个主要因素的影响作用，以及个人因素即行为合理化和特定的情境因素即时机在灰色营销行为决策中可能产生的权变作用。最终本书建立的概念模型如图 3-1 所示。

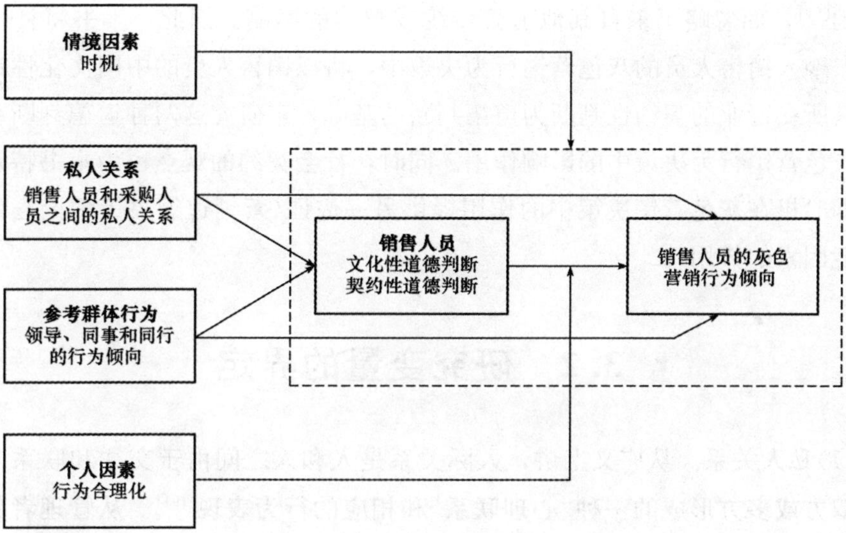

图 3-1 概念模型

需要指出的是，图中的道德判断引入了一体化社会契约的观点[47]以及道德判断多维度的观点[245,246]。一体化的社会契约理论[47]认为道德义务建立在两种认同水平的基础上。一种是适用于所有理性契约者的宏观社会契约；另一种是局部共同体成员对于特定的微观社会契约的认同。共同体是指一群自我定义、自我约束的人，在相互的作用和影响下分享任务、价值观或目标，并可以为自己的道德行为制定规范。一个共同体的存在，必须先通过自我意识的检测，即共同体的成员认可他们和群体的联系，并把共同体看作道德规范的来源。一体化契约理论带来的启示是：第一，强调了道德判断是具有多个维度的。道德判断是建立在一般性的宏观的道德基础和微观的社会契约之上的。第二，强调了特定规范是非常重要的。这是因为特定规范考虑了一般道德理论所没有考虑的特定背景中所涉及的契约，比起一般性规范，特定规范则更加细化和具有针对性，更有助于解决道德问题。第三，这一理论强调了特定的背景因素，即情境因素可能会对道德判断产生影响[47]。

此外，大量实证文献结果表明，个人的道德判断结构，即决定一个决策或行为是否道德的那些方面，是多维的且并不是在所有的决策中都是一致的[245]。当面临道德决策时，个人并不会依赖统一的道德框架而是会参考很多道德哲学理念，并且会根据道德情境的不同而使用不同的框架[50]。而之前对道德行为和决策的解释几乎仅建立在普遍的义务和契约的框架基础之上，特别是西方的道德哲学基础[54]，而忽略了来自其他道德传统或契约的影响。因此，本书将社会契约的观点融入销售人员的灰色营销行为决策中，将以销售人员的中国文化性道德判断和其所在行业的契约性判断为道德判断的基础，来研究这两种道德判断在销售人员灰色营销行为决策中的影响作用。同时，社会契约的观点也为本书特定情境因素即时机在灰色营销决策中的作用提供另一佐证(营销道德决策理论也强调特定情境因素的作用)。

3.2　研究变量的界定

(1)私人关系。从广义上讲，人际关系是人和人之间由于交往和联系而产生的对双方或多方形成的一种“心理联系”和相应的行为表现[194]。从管理者的角度来看，关系包含多种不同的含义，因此在测量时也使用不同的关系概念，主要包括关系状态、关系规范、关系行为和关系导向。本书仅关注关系状态对销售人员灰色营销行为决策的影响作用。关系状态是指一个人与另一个的远近亲疏，也称为关系质量或关系水平[202]。中国人通常用好或不好、近或不近、铁或不铁来形容。之后的篇幅本书用“私人关系”代替“关系”一词。

(2)参考群体行为。参考群体是指对个人的判断、期望或行为有重大影响的机构、个体或群体[175]。参考群体包含组织内的参考群体和组织外的参考群体两类[39]。组织内的参考群体是指对决策者的决策有重要影响力的企业内的同事、上司及高层管理者[39]，而组织外的参考群体是指对决策者的决策有重要影响力的企业外部的相关个体或群体[39]。那么，参考群体行为是指对销售人员灰色营销行为产生重要影响的组织内和组织外的个人或群体的行为。本书主要关注组织内企业的同事和上司或领导以及组织外的同行这两类参考群体参与灰色营销行为的行为倾向。

(3)道德判断。道德判断是指个人评估一些行为或行为过程是道德或不道德的程度[246]。本书是指销售人员感知的灰色营销行为的道德或不道德的程度[13]。依据一体化契约理论和道德判断的多维观点，道德判断可以分为 3 个维度：一般性的道德判断、文化性道德判断和契约性道德判断，大量的实证研究也证明了这一点[185,247,248]。本书仅关注文化性道德判断和契约性道德判断这两种。

(4)时机。时机是指灰色营销情境中，销售人员给“好处费”的时机，即在获得订单前还是在获得订单后给采购人员“好处费”。过去学者们对于灰色营销的相关研究表明，公众可以接受销售人员事后请吃和送礼等行为，但是对销售人员事前的送礼和请吃等行为的接受度较低[13]。而且在访谈中也发现，时机对销售人员的道德决策产生了一定影响。因此，本书选择时机作为影响销售人员灰色营销道德决策的一个重要的特定情境因素。

(5)行为合理化。行为合理化是指个人以一些方式或策略来为自己的行为决策是正确的或适当的提供支持或证明[143,144]。实践中行为合理化的方式主要有三种，即改变不一致中的一个要素，价值观、态度或行为[10]；增加与行为一致的认知，即寻找新的支持决策或行为的信息或信念[146]；降低或轻视不一致要素的重要性[145]。本书中的行为合理化涉及这三种方式。

(6)灰色营销行为倾向。灰色营销行为倾向是指销售人员感受到的参与到灰色营销行为中的意愿的强烈程度[13]。它与灰色营销行为是有区别的。灰色营销行为是指实际中是否参与了灰色营销行为，是一个两分变量，而灰色营销行为倾向是一种感知，表明在多大程度上有参与灰色营销行为的倾向而不是实际的灰色营销行为，是一个连续的变量。由于灰色营销行为倾向的连续性，使其能更好地反映销售人员的心理活动，而且灰色营销行为倾向可以预测灰色营销行为[58]，另外，灰色营销行为是存在道德问题的行为，在实际测量时是十分敏感的且难以得到数据，因此，大部分学者在进行营销道德决策研究时，都使用道德行为倾向或意图、意向来替代实际的有道德问题的行为。本书也仅关注灰色营销行为倾向这一概念。

3.3 假设的提出

3.3.1 私人关系对灰色营销行为决策的影响

关系是中国社会文化特点的一部分。关系是有差异的，首先在于关注互惠的不同，其次在于内部和外部社交圈的差异，即关系的远近亲疏[249]。本书的私人关系就是指人际关系的状态或质量，如亲近程度、互动状况或关系的远近亲疏状态，即中国人常说的关系铁不铁、好不好。这种私人关系状态可能会影响道德判断和商业行为[250]。

私人关系状态包含工具和情感成分。但是就从中国文化传统来看，中国人更喜欢自然而然的交往，更为看重关系中的情感成分，特别是私人关系好的人与人之间更是如此[49]。因此，无论是在社会还是在商业氛围中，私人关系好的人与人之间会认为送礼物、给好处和人情的交换是以互惠原则为基础的一种平常的情感性交流[49]，而不是利益交换，这些行为是可以接受的。此时，个人更多地会关注关系中的情感成分，因而不容易区分送礼物、给好处和人情交换这些关系行为和灰色营销行为之间的差异，进而削弱了个人对送礼物、给好处等行为的不道德性的评价和判断[54]，使得个人对这些行为更为宽容，个人也会更倾向于采取这种行为。相反的，人与人之间的私人关系一般时，个人在商业活动中的送礼、交换好处，则更多的是工具性的[49]，侧重完成任务、交换利益，而不是交换人情[251]。此时，个人不会受情感的影响，并能客观地对送礼物、给好处等关系行为和灰色营销行为进行区分，意识到灰色营销中所涉及的“赤裸裸”的利益交换，这种情况会使得中国人从内心深处觉得反感和不舒服[13]。因此，个人会更为敏感地认识到这种行为的道德性问题，并在进行道德判断时也更为苛刻，也更不倾向于参与到这种行为当中去[33]。所以，对销售人员来说，无论是在社会还是商业氛围中，当销售人员和采购人员之间的私人关系较好时，对于情感的考量会让销售人员对灰色营销行为的判断更为宽容，或忽略灰色营销行为中的道德性问题，也会更倾向于采取这种行为。反之，销售人员对灰色营销行为涉及的利益交换更为敏感和反感，对灰色营销道德性的判断更为客观和苛刻，采取这种行为的倾向性也更低。因此，本书假设：

H1a：当其他因素相同时，销售人员和采购人员之间的私人关系越好，在进行文化性道德判断时，销售人员就越认为灰色营销行为是道德的。

H1b：当其他因素相同时，销售人员和采购人员之间的私人关系越好，在进行契约性道德判断时，销售人员就越认为灰色营销行为是道德的。

H2：当其他因素相同时，销售人员和采购人员之间的私人关系越好，销售人员的灰色营销行为倾向越高。

3.3.2 参考群体行为对灰色营销行为决策的影响

参考群体是指对个人的判断、期望或行为有重大影响的机构、个体或群体[175]。本书是指对销售人员道德决策产生重要影响的相关群体或个人[38,39]。组织内和组织外参考群体行为会对销售人员的道德决策产生重要的影响[5,38,43]，Ferrell 和 Gresham(1985)[48]的营销道德决策模型中也强调了有重要影响力的其他人即参考群体会对营销道德决策产生重要的影响作用。

根据差异交往理论(Differentiation Association Theory)，个体的道德或不道德行为是在与他人交往互动中习得的[48]。个体主要是向与自己紧密相关的参考群体学习。通过和组织内以及组织外参考群体之间的互动，销售人员一方面能够更加深入地了解和认识企业以及行业所设定的行为准则或标准，另一方面还可以了解企业和行业中存在的一些潜规则。这些准则、标准和潜规则会被销售人员有意或无意地运用到其对灰色营销的道德与否的评价当中[156]。例如，企业或行业有书面的、正式的规章和规定明确指出销售人员不可以使用给好处、送礼等方式来进行产品的销售，然而若销售人员看到同行、同事甚至领导在实际的销售活动中都有使用这些方式，那么这个销售人员就会认为企业和行业用以约束给好处等销售方式的那些规章和规定只是浮于表面、流于形式的，因而，销售人员就不会把给好处等行为的道德问题看得很重[252]。之前的相关研究的结果也支持这一推论[38,43 253]。因此，本书假设：

H3a：当其他因素相同时，销售人员认为其同事和领导以及同行参与灰色营销的行为倾向越高，在进行文化性道德判断时，销售人员越认为灰色营销行为是道德的。

H3b：当其他因素相同时，销售人员认为其同事和领导以及同行参与灰色营销的行为倾向越高，在进行契约性道德判断时，销售人员越认为灰色营销行为是道德的。

同事和领导以及同行的行为对销售人员的灰色营销行为倾向可能会有直接的影响。换句话来讲，销售人员即使认识到了灰色营销中存在的道德问题，但会因为大家都在做，认为法不责众，因而使用这种方法销售的倾向性就会更高。此外，企业的内部和外部的竞争、企业销售任务的压力都会成为影响销售人员的灰色营销行为倾向的动因。当同事和同行都参与到灰色营销行为中时，销售人员即使认为灰色营销存在道德问题，但为了在竞争中获胜或迫于企业销售绩效的压力，销售人员也会更倾向运用相同的方式来获得订单，提升业绩，完成企业目标，否则他很有可能成为道德理想主义的牺牲品[39]。其次，领导的模范和示范作用也会让销售人员更倾向参与到灰色营销行为中，而不太会或较少会考虑灰色营销行为的道德性问题。最后，同事和领导以及同行的灰色营销行为给销售人员从事有道德问题的行为提供了一个借口——既然他们能做，为什么我不能做？此前对于参考群体行为的相关研究的结果也支持这一推论[58 253]。因此，本书假设：

H4：当其他因素相同时，销售人员认为其同事和领导以及同行参与灰色营销行为的倾向越高，他的灰色营销行为倾向就越高。

3.3.3 道德判断对灰色营销行为倾向的影响

尽管道德判断不是决定个人的行为取向的唯一标准和要素，但是道德判断却是影响个人行为取向的一个非常重要的因素[38]。当个人明知做一件事是不对的，但还是不得不去做，即做出了违背其道德判断的行为，那么他通常会从内心深处体会到不愉快、愧疚、不安甚至是面对道德冲突的冲击[13]。除非有其他的压力，个人为了避免内心的不安、愧疚等负面的感觉，往往会更倾向参与他们认为是道德的行为中，而尽量不去参与那些他们认为会存在道德问题的行为中。明知不道德还积极参与其中而内心不会受到负面感觉影响的个人，可以被称为是“缺德”的人。虽然“缺德”的人是存在的，但毕竟是极少数。此前相关实证研究结果都认为道德判断会影响行为倾向[30]。因此，本书有假设：

H5a：当其他因素相同时，销售人员越是从文化性道德判断得出灰色营销行为是不道德的，他们的灰色营销行为倾向就越低。

H5b：当其他因素相同时，销售人员越是从契约性道德判断得出灰色营销行为是不道德的，他们的灰色营销行为倾向就越低。

3.3.4 时机对灰色营销行为决策的调节作用

一体化的社会契约理论强调了情境因素对商业道德决策的影响作用[47]。Trevino 的个人和情境交互的营销道德模型，也表明个人和情境因素(组织和其他外部因素)以及个人和情境之间交互作用会对营销道德决策产生重要的影响[45]。因此，时机可能会在销售人员的灰色营销行为决策中发挥调节作用。

时机可能对私人关系和销售人员道德判断之间以及私人关系和灰色营销行为倾向之间的关系产生调节作用。当销售人员在事前给采购人员好处，销售人员和采购人员之间的私人关系一般时，由于销售人员不会受关系的情感成分的影响，能更为客观地区分灰色营销行为和关系行为，看清灰色营销的本质，即“赤裸裸”的利益交换，而不是“人情”的交换[13]。因此，灰色营销行为不符合中国传统的关系文化，是存在道德问题的行为，销售人员参与这种行为的倾向就会降低。此外，销售人员也能客观地以行业契约和规范为依据来判断灰色营销是否是道德的。而与采购人员私人关系较好的销售人员也会在这种情况下认识到灰色营销行为和关系行为之间的差异，看清灰色营销的本质，客观地做出道德判断。如前所述，关系虽然有工具性的成分，但是中国人更注重自然的交往，而不是有目的性的交往[13]。此时，灰色营销行为却表现出明显的功利性，即通过给好处的方式来换取相应的利益。这时的给好处似乎会让收好处者感受到一种“胁迫”而不得不给予回报的感觉。这种行为与中国关系文化中的互惠原则是相违背的，恰恰是不能被注重私人关系情感成分的销售人员接受，也是不能被中国传统关系文化接受。因此，销售人员会认为灰色营销是有道德问题的，也不倾向参与其中。由此可以看出，当销售人员在事前给采购人员好处时，无论销售人员和采购人员的私人关系是怎样的，销售人员都会对灰色营销行为做出客观的判断，也不愿意参与其中，即私人关系对销售人员的道德判断的影响作用以及私人关系对灰色营销行为倾向的影响作用都被弱化了。

当销售人员在事后给采购人员好处的时候，销售人员由于与采购人员之间的私人关系一般，因而不会受情感的影响，并能够区分灰色营销和关系行为之间的差别，认识灰色营销行为的本质以及灰色营销行为所含有的道德性问题，参与灰色营销行为的倾向就越低。而销售人员和采购人员之间的私人关系较好的时候，销售人员会将灰色营销行为和关系行为混同起来。这是因为，此时的灰色营销行为和中国传统的关系文化中所倡导的基于互惠原则的关系行为是类似的，即当双方中的一方提供给另一方帮助或给予好处后，另一方有责任及时回报，来表示对给予方的感谢和珍惜[49]，否则受到帮助的个人会有罪恶感和感到丢面子，或让别人指责自己“不通人情”[53]。因此，销售人员和采购人员的私人关系越好，销售人员越会受到关系中情感成分的影响，就越会认为这个行为是可以接受的[54]，也会倾向于参与这一行为。所以，当销售人员在事后给采购人员好处时，私人关系对道德判断的影响作用以及私人关系对灰色营销行为倾向的影响都被强化。因此，本书假设：

H6a：当其他因素相同时，在销售人员事前给好处时，私人关系和文化性道德判断之间的正相关关系被弱化；在销售人员事后给好处时，私人关系和文化性道德判断之间的正相关关系被强化。

H6b：当其他因素相同时，在销售人员事前给好处时，私人关系和契约性道德判断之间的正相关关系被弱化；在销售人员事后给好处时，私人关系和契约性道德判断之间的正相关关系被强化。

H7：当其他因素相同时，在销售人员事前给好处时，私人关系和灰色营销行为倾向之间的正相关关系被弱化；在销售人员事后给好处时，私人关系和灰色营销行为倾向之间的正相关关系被强化。

时机可能会调节参考群体行为和销售人员道德判断以及参考群体行为和灰色

营销行为倾向之间的关系。当销售人员在事前给采购人员好处时，灰色营销行为具有很强的功利性和目的性，为的是利益的交换，此时，销售人员受到中国传统关系文化的影响，可能直觉上会对这一行为产生抵触情绪[50]，因此，当参考群体都不参与这一行为的时候，销售人员就更会认为这个行为是不道德的，也更不倾向参与其中，而当参考群体都参与到灰色营销行为中时，一方面销售人员可以从参考群体的行为中获得潜在的信息，即灰色营销行为在企业和行业中是可以接受的；另一方面灰色营销行为有利于销售目标的完成，为企业和个人带来利益，这也是个人的职责所在，此时，销售人员会在一定程度上降低对这一行为的抵触，认为灰色营销行为的道德问题不大，也更倾向参与其中。可以看出，当销售人员事前给采购人员好处时，参考群体行为对道德判断以及灰色营销行为倾向的影响作用被强化了。

当销售人员事后给采购人员好处时，此时的灰色营销行为同中国关系文化中的关系行为有很大的相似性。因此，销售人员受中国传统文化的影响可能会认为这一行为遵从了人情法则[202]，是不存在道德问题的行为，也越倾向参与其中，此外，这一行为有利于销售人员和采购人员之间建立联系，销售人员就更倾向认为这一行为是可以接受的，参与灰色营销行为的倾向就更高，此时，无论参考群体参与与否，销售人员都会倾向认为这一行为是道德的，也更倾向参与其中，以避免被视为“不通人情，不可交予”[207]。可以看出，当销售人员在事后给采购人员好处时，参考群体行为对道德判断的影响作用以及参考群体行为对灰色营销行为倾向的影响作用都被弱化了。因此，本书假设：

H8a：当其他因素相同，在销售人员事前给好处时，参考群体行为和文化性道德判断之间的正相关关系被强化；在销售人员事后给好处时，参考群体行为和文化性道德判断之间的正相关关系被弱化。

H8b：当其他因素相同，在销售人员事前给好处时，参考群体行为和契约性道德判断之间的正相关关系被强化；在销售人员事后给好处时，参考群体行为和契约性道德判断之间的正相关关系被弱化。

H9：当其他因素相同，在销售人员事前给好处时，参考群体行为和灰色营销行为倾向之间的正相关关系被强化；在销售人员事后给好处时，参考群体行为和灰色营销行为倾向之间的正相关关系被弱化。

时机可能还会调节销售人员的道德判断和其灰色营销行为倾向之间的关系。根据一体化的社会契约理论，个人的行为决策受到两类契约或规范(宏观和微观)的影响，而个人在不同的情境下可能会运用不同的道德框架来进行决策[47,50]。结合本书的研究，时机为销售人员的灰色营销行为决策提供了不同的情境，因此销售人员在进行决策时可能同时考虑文化性道德判断和契约性判断，并在不同的情境中以不同的道德判断为基准来进行决策。当销售人员在事前给采购人员好处的时候，灰色营销行为是“赤裸裸”的利益交换，具有很强的目的性和功利性，而这种行为是不会被中国传统关系文化认可的。所以销售人员会感受到不自然和本能的抵触[50]，此时，销售人员的文化性道德判断对其灰色营销行为倾向的影响作用就被弱化了。而销售人员作为一个从业者，契约性道德判断，即从行业的角度对灰色营销行为进行的道德性判断会指引销售人员的行为。

当销售人员在事后给采购人员好处时，灰色营销行为和中国关系文化中的基于互惠原则的关系行为是十分相似的。销售人员受中国传统文化的影响，就越会觉得灰色营销行为是不存在道德问题的，参与灰色营销行为的倾向性就越高。因此，无论以行业规范和契约为基准来进行判断的结果认为这一行为是不是道德的，销售人员都更会倾向参与其中，否则会被指责为“不通人情”。此时，契约性道德判断对灰色营销行为倾向的影响作用就被弱化了。因此，本书假设：

H10a：当其他因素相同，在销售人员事前给好处时，文化性道德判断和销售人员灰色营销行为倾向之间的负相关关系被弱化；在销售人员事后给好处时，文化性道德判断和销售人员灰色营销行为倾向之间的负相关关系被强化。

H10b：当其他因素相同，在销售人员事前给好处时，契约性道德判断和销售人员灰色营销行为倾向之间的负相关关系被强化；在销售人员事后给好处时，契约性道德判断和销售人员灰色营销行为倾向之间的负相关关系被弱化。

3.3.5 行为合理化对灰色营销行为决策的调节作用

行为合理化是指个人通过一些方式或策略来为自己行为决策是正确的或适当的提供支持或证明[143,144]。行为合理化会影响决策者参与这一行为的态度和意愿[148]。

行为合理化可能会调节销售人员的灰色营销道德的决策过程，即行为合理化会对销售人员的道德判断和其灰色营销行为倾向之间的关系起调节作用。当销售人员对行为的合理化程度较高，认为有正当理由参与灰色营销行为时，如为了避免损失而履行职责，为了有效地竞争，此时，销售人员作为从业者会参与灰色营销中而不太会受契约性道德判断和行为之间的认知不一致带来的心理冲突的影响，那么契约性道德判断对销售人员行为的约束作用被弱化了，而文化性契约则可能会成为指引销售人员行为的标准，因为，销售人员不仅是从业者还是一个“社会人”，即使这个行为是合理的能实现企业和个人的目标获得利益，如果这一行为从文化上进行判断的结论是不道德时，或为社会带来不好的结果，销售人员可能也不太会参与其中[10]，而当这一行为从文化上进行判断的结论是道德时，销售人员参与其中的倾向就会更高了，那么文化性道德判断和销售人员灰色营销行为倾向的影响作用就被加强了。

而当销售人员对灰色营销行为的合理化的程度较低，认为没有正当的理由为灰色营销行为进行辩护的时候，销售人员可能会根据契约或行业规范来判断灰色营销行为的道德或不道德性来决定是否参与灰色营销行为而较少会考虑以文化性道德判断作为是否参与的标准。这是因为，一方面契约标准相对于文化性标准在对营销道德问题的规范方面会更为具体和明确[185]，便于销售人员进行决策；另一方面，销售人员也对契约性标准更为熟悉，因而会优先使用契约性标准作为行为指导[156]。那么契约性道德判断对销售人员灰色营销行为倾向的影响作用被强化了，而文化性道德判断对销售人员灰色营销行为倾向的影响作用被弱化了。因此，本书假设：

H11a：当其他因素相同，在销售人员对灰色营销行为的合理化程度低时，销售人员对灰色营销行为的文化性道德评价和他们的灰色营销行为倾向之间的负相关关系被弱化；在销售人员对灰色营销行为的合理化程度较高时，销售人员对灰色营销行为的文化性道德评价和他们的灰色营销行为倾向之间的负相关关系被强化。

H11b：当其他因素相同，在销售人员对灰色营销行为的合理化程度低时，销售人员对灰色营销行为的契约性道德评价和他们的灰色营销行为倾向之间的负相关关系被强化；在销售人员对灰色营销行为的合理化程度较高时，销售人员对灰色营销行为的契约性道德评价和他们的灰色营销行为倾向之间的负相关关系被弱化。

3.4 本章小结

本章在以往研究的基础上，根据营销道德、灰色营销和一体化社会契约理论等相关理论，以购销为平台，站在卖方的角度上，提出了一个销售人员灰色营销行为决策的权变概念模型，并且考察了以关系和卖方组织因素为前因，销售人员道德判断为中介，销售人员的灰色营销行为倾向为结果，个人和情境因素为调节变量的概念模型，并阐述了模型中各变量之间的内在逻辑关系。此外，本书一共提出 18 条假设，假设关系模型如图 3-2 所示，具体假设归纳见表 3-1。接下来，本书将通过发放问卷来收集数据，使用结构方程模型的方法去检验本章所提出的假设。

表 3-1 假设归纳

假设	假设的内容
H1a	当其他因素相同时，销售人员和采购人员之间的私人关系越好，在进行文化性道德判断时，销售人员就越认为灰色营销行为是道德的
H1b	当其他因素相同时，销售人员和采购人员之间的私人关系越好，在进行契约性道德判断时，销售人员就越认为灰色营销行为是道德的
H2	当其他因素相同时，销售人员和采购人员之间的私人关系越好，销售人员的灰色营销行为倾向越高
H3a	当其他因素相同时，销售人员认为其同事和领导以及同行参与灰色营销的行为倾向越高，在进行文化性道德判断时，销售人员越认为灰色营销行为是道德的
H3b	当其他因素相同时，销售人员认为其同事和领导以及同行参与灰色营销的行为倾向越高，在进行契约性道德判断时，销售人员越认为灰色营销行为是道德的
H4	当其他因素相同时，销售人员认为其同事和领导以及同行参与灰色营销行为的倾向越高，销售人员的灰色营销行为倾向就越高
H5a	当其他因素相同时，销售人员越是从文化性道德判断得出灰色营销行为是不道德的，销售人员的灰色营销行为倾向就越低
H5b	当其他因素相同时，销售人员越是从契约性道德判断得出灰色营销行为是不道德的，销售人员的灰色营销行为倾向就越低
H6a	当其他因素相同时，在销售人员事前给好处时，私人关系和文化性道德判断之间的正相关关系被弱化；在销售人员事后给好处时，私人关系和文化性道德判断之间的正相关关系被强化
H6b	当其他因素相同时，在销售人员事前给好处时，私人关系和契约性道德判断之间的正相关关系被弱化；在销售人员事后给好处时，私人关系和契约性道德判断之间的正相关关系被强化

续表

假设	假设的内容
H7	当其他因素相同时，在销售人员事前给好处时，私人关系和灰色营销行为倾向之间的正相关关系被弱化；在销售人员事后给好处时，私人关系和灰色营销行为倾向之间的正相关关系被强化
H8a	当其他因素相同，在销售人员事前给好处时，参考群体行为和文化性道德判断之间的正相关关系被强化；在销售人员事后给好处时，参考群体行为和文化性道德判断之间的正相关关系被弱化
H8b	当其他因素相同，在销售人员事前给好处时，参考群体行为和契约性道德判断之间的正相关关系被强化；在销售人员事后给好处时，参考群体行为和契约性道德判断之间的正相关关系被弱化
H9	当其他因素相同，在销售人员事前给好处时，参考群体行为和灰色营销行为倾向之间的正相关关系被强化；在销售人员事后给好处时，参考群体行为和灰色营销行为倾向之间的正相关关系被弱化
H10a	当其他因素相同，在销售人员事前给好处时，文化性道德判断和销售人员灰色营销行为倾向之间的负相关关系被弱化；在销售人员事后给好处时，文化性道德判断和销售人员灰色营销行为倾向之间的负相关关系被强化
H10b	当其他因素相同，在销售人员事前给好处时，契约性道德判断和销售人员灰色营销行为倾向之间的负相关关系被强化；在销售人员事后给好处时，契约性道德判断和销售人员灰色营销行为倾向之间的负相关关系被弱化
H11a	当其他因素相同，在销售人员对灰色营销行为的合理化程度低时，销售人员对灰色营销行为的文化性道德评价和他们的灰色营销行为倾向之间的负相关关系被弱化；在销售人员对灰色营销行为的合理化程度较高时，销售人员对灰色营销行为的文化性道德评价和他们的灰色营销行为倾向之间的负相关关系被强化
H11b	当其他因素相同，在销售人员对灰色营销行为的合理化程度低时，销售人员对灰色营销行为的契约性道德评价和他们的灰色营销行为倾向之间的负相关关系被强化；在销售人员对灰色营销行为的合理化程度较高时，销售人员对灰色营销行为的契约性道德评价和他们的灰色营销行为倾向之间的负相关关系被弱化

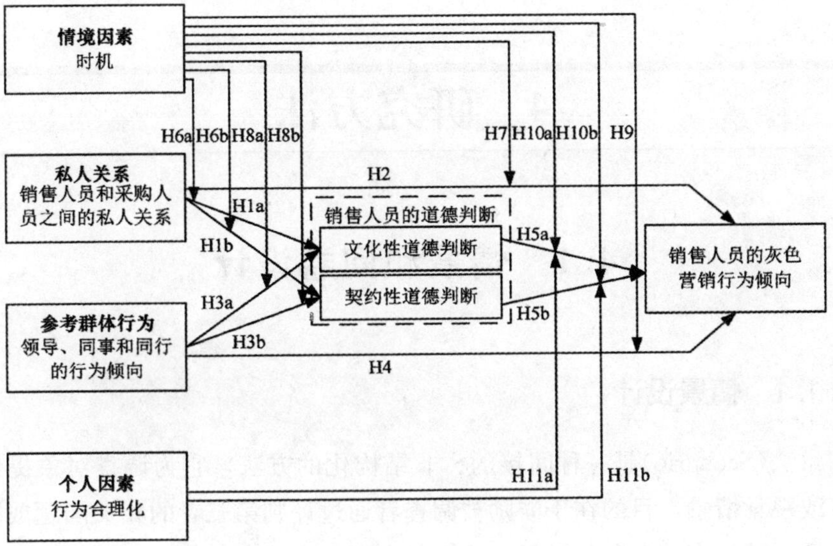
情境因素
时机
H6a H6b H8a H8b
H7 H10a H10b H9
私人关系
销售人员和采购人员之间的私人关系
H2
H1a
H1b
销售人员的道德判断
文化性道德判断
契约性道德判断
H5a
H5b
销售人员的灰色营销行为倾向
H3a
H3b
参考群体行为
领导、同事和同行的行为倾向
H4
个人因素
行为合理化
H11a
H11b

图 3-2 假设关系模型

4 研究方法

4.1 情景和问卷设计

4.1.1 情景设计

情景法(Scenario)是一种间接的、非结构化的方法，它为调查对象提供了一个语言或视觉情景，目的在于鼓励被调查者通过评判第三者的相关问题或行为而间接地透露其对有关问题的动机、信念、态度和感受[254]。这种方法也被称为“第三人影射法”[62]。Hunt 和 Vitell(1986)[62]最早将这种情景法运用到营销道德领域，之后的营销道德实证研究几乎都沿袭了这种方法进行研究设计。情景法已经成为营销道德研究领域内惯用的、成熟的研究方法。这是由于情景法有助于解决营销人员实际面临的多种多样(即便是面对同一种道德问题，也会有各种不同的情形)的道德问题。情景法通过设计相同的情景，可以标准化研究对象感受来自外界的刺激[120]，从而让研究对象感受同样的道德困境。另外，营销道德问题属于道德敏感性问题，不宜使用传统的直接提问的方式。

灰色营销属于营销道德研究范畴具有道德敏感性，不宜使用直接提问的方法进行调查，因此本书采用 Zhuang 和 Tsang[13]的情景法进行研究设计，通过让被调查者对假想当事人行为进行的评判，来了解被调查者对某一种行为的态度[13]。根据本书的概念模型和研究需要，本书选取的灰色营销行为为“给好处费”，可以理解为给回扣、送礼(金钱形式)或红包。并且本书以关系状态和时机这两个因素作为处理，设计 2×2 的试验，可以构造出 4 个不同的情景，即情景Ⅰ(S1)：关系好、事前给好处费；情景Ⅱ(S2)：关系一般、事前给好处费；情景Ⅲ(S3)：关系好、事后给好处费；情景Ⅳ(S4)：关系一般、事后给好处费。具体情景见本书附录。

4.1.2 问卷设计

(1)问卷设计原则。问卷的设计要关注被调查对象的理解能力和回答问题的情景，避免问卷中用语过于学术化或含混晦涩难以理解而让被调查的对象望文生义，进而不能保证被调查对象的问卷回答质量[255]。另外，问卷设计还要注意内容的多少，避免占用被调研者太长时间而让其产生厌烦心理，这也会严重降低被调研者回答问卷的质量。因此，本书的问卷设计遵循的原则为：第一，在遵循问卷设计过程的基本原则下，充分考虑销售人员的年龄、文化层次和用语习惯，避免生僻词汇和专业用语，尽量使题项的用语简洁易懂，力求让被调查者准确理解；第二，在把握关键和核心词汇的同时，尽可能地简化题项，以降低被调查者回答问卷所需要的时间；第三，问卷在形式上运用表格以及表格中的影线简洁明了地区分相邻的题项，方便被调查者作答；在测量上采用李克特(Likert)7 点尺度(1 为完全不同意，7 为完全同意)，以便灵活地把握问卷语句长度，减少题项重复用到的词语，便于问卷的排列，从而有助于被调查者简单、快速地完成问卷[256]。

此外，量表的设计是问卷设计中最重要的一部分，也是实证研究中最关键的问题之一，它决定了变量测量的准确性以及统计分析结果的可靠性和有效性。为了保证量表的质量，本书采用的量表设计原则为：第一，采用与本书具有直接关系或相同研究领域内的相关文献中的量表，并优先从影响因子高的出版物中选择；第二，优先选择信度和效度都很高的量表；第三，当没有成型的量表可以采用时再自己开发量表；第四，量表中的各个变量尽可能采用两个或两个以上的题项，以更为全面地反映变量信息，保证测量的准确性[257]。因此，本书以西安交通大学管理学院指定的管理与商学领域国际学术刊物目录为依据，本着先本书领域后其他研究领域，先高级别后低级别刊物的顺序，选择已经多次实证检验过的，信度效度较好的题项。本书中采用的题项(除私人关系的相关题项外)都来源于已发表的英文文献，并且为了符合中国人的思维方式和阅读理解习惯，在不改变题项原意的前提下，翻译题项时调整了题项的问法和陈述方式。

(2)问卷结构。本书的问卷有 3 个部分的内容。首先，问卷说明，介绍问卷的用途以及问卷的重要性，请求调查者认真真实地填写问卷，并强调问卷结果的保密性，最后介绍调查发起者的基本信息等。问卷说明主要是为了通过介绍调查的学术科研项目、强调问卷的匿名性并保证不会将信息泄露给其他任何组织或个人等方式，来部分或全部打消被调查者对隐私泄露等问题的顾虑而产生的排斥心理，并愿意根据真实状况填写问卷。其次，问卷的主体部分，包括本书涉及的情景以及各个变量的测量量表。该量表共包含 6 个分量表，每个分量表测量一个变量，每个变量的测量由两个或两个以上题项(Items)构成。最后，人口统计信息，用以了解被调查人的基本情况，并通过这些基本信息，检验被调查者问卷填写的有效性。

为了避免不同的情景下回答相同的问题或问卷过长让实验对象产生厌烦的心理，本书设计了调研问卷Ⅰ和调研问卷Ⅱ两个问卷版本。调研问卷Ⅰ中包括情景S1和S2；调研问卷Ⅱ中包括情景S3和S4。问卷中请求被调查者根据情景中所涉及的销售和采购双方的两个当事人的行为，分别回答问卷上设计好的题项所涉及的问题。两个版本的问卷详见本书附录。

4.2 样本选取和数据收集

4.2.1 样本选取

(1)调研对象和抽样方式。本书的调查对象为：企业的销售人员，即营销人员、推销人员、销售代表、销售主管和销售经理。由于灰色营销道德决策这一主题是道德敏感性的问题，很难获得被调查者的配合并且也没有适用的抽样框架，所以，本书中以便利抽样的方式来收集样本。

(2)样本量的确定。样本量的多少决定着假设检验的显著性和分析结果的统计效力。本书运用了结构方程模型以及多元层次回归的方法，学者们对于这两种方法中的样本量多少有着不同的看法。在研究中运用SEM时，侯杰泰等人认为至少需要100～200个样本[258]；Boomsma[259]和MacCallum[260]认为样本量最低不能少于200，以避免发生无法聚合与不适当解的问题。但是样本量也不是越多越好。过多的样本量会增大卡方，从而增加第二类错误发生的可能性[261]。因此，大多数学者认为SEM适当的样本量应在200～500。本书的样本是240个，符合SEM样本量的要求。此外，在研究中运用SPSS进行回归分析时，Nunnally和Berstein(1994)[262]认为样本量最好为测量题项的5倍以上，并且Churchill(1982)[263]认为样本量应为研究变量的10倍以上。本书模型中变量为7个，题项为27个，样本为240个也是符合要求的。

4.2.2 数据收集

(1)预调研。本书在文献研究和深入访谈结果的基础上设计了调查问卷的初稿。初始问卷形成后，为了初步检验量表的测量效果，本书以10位西安交通大学已毕业和在读的MBA学生所在企业的销售人员为调查对象进行了预调研。预调研的目的是检验问卷中存在的问题，如结构和内容是否涵盖所有的研究变量，题项能否反映变量信息或文字表述是否清晰等方面的问题，并及时修正问卷，使之后的正式调查结果更为准确。

预调研具体操作过程：第一，选择10位销售员做预调研。从这些销售人员中获得相关信息，并通过他们填写问卷的经验和体会来对问卷进行修正；第二，将10位销售员安排在一起，向其解释问卷的目的、填写方法和注意事项等内容，并对销售人员提出的问题及时做出反馈；第三，记录每个销售人员对填写完该问卷后的评价，并针对问卷的结构是否合理，内容和题项文字是否清晰及易于理解，能否反映企业实际，填写是否方便等方面进行深入的讨论；第四，以预调研结果和销售人员的反馈意见为依据，修正和优化问卷，并形成最终的问卷。

(2)正式调研。出于对研究内容的敏感性、调研经费的限制和抽样便利性的考虑，正式的问卷调查主要是在陕西、河南、上海和深圳等省市的高校MBA中完成的。

本书让已毕业和在读的MBA学生为其所在企业的销售人员发放问卷，若其本身也为销售人员亦可填写问卷，并且让MBA学生告知其企业的销售人员问卷的目的以及匿名等特点，而且问卷的答案没有对错、好坏之分，真实的感受对本书的结果很重要。

正式的调研共发放400份问卷，收回问卷300份，回收率为75%。为了保证获得数据的真实性，审查这些收回的调查问卷后，删除了无效问卷和虚假问卷，如大片空白的问卷，或完全相同的问卷；连续采用有规则选项的问卷。结合鉴别项(反向题目)和人口特征，如职业，来剔除不符合要求的问卷，最后得到有效问卷240份，回收问卷有效率60%。

(3)无偏性检验。本书进行了多次的无偏性检验以保证回收的有效问卷的代表性。首先，对比了西安、郑州、北京和深圳回收的有效问卷中的人口统计信息，包括性别、年龄、教育程度等，进行卡方检验并分别进行独立样本T检验之后，差异不显著($p>0.050$)，这表明，4个地区在同一个总体中，不存在样本偏差，即本书调研获得的数据在回答上不存在差异性，数据较具代表性[264]，且这四个部分的数据可以合并，以进行之后的分析。另外，本书对两个版本的问卷在人口统计的基本信息上也进行了卡方检验，对重要的变量进行了双样本T检验，也没有发现显著的差异($p>0.050$)，这表明分配到不同版本的被试者本身之间没有差异即实验不存在选择误差，且情景的不同组合并不会对结果产生影响。

最后，本书对处理(私人关系和时机)的效果进行了检验，分别见表4-1和表4-2。即使用单因素方差分析进行检验，发现显著的差异($p<0.050$)，表明设计中的处理效果较好，问卷设计比较好。

表4-1 私人关系的方差分析结果

情景	关系一般			关系好			显著性	
	N	平均值	标准差	*N*	平均值	标准差	*F* 值	*p*
PUCUL	240	4.040	2.687	240	3.798	2.891	3.599	0.079
PUCON	240	3.580	2.359	240	3.381	2.566	3.095	0.058
GT	240	4.510	3.797	240	4.676	4.191	1.876	0.171
GX	240	3.047	4.143	240	5.348	3.726	6.549	0.000

表4-2 时机的方差分析结果

情景	关系一般			关系好			显著性	
	N	平均值	标准差	*N*	平均值	标准差	*F* 值	*p*
PUCUL	244	3.949	2.940	236	3.888	2.649	0.228	0.633
PUCON	244	3.576	2.630	236	3.381	2.281	2.987	0.085
GT	244	4.404	4.264	236	4.788	3.630	10.113	0.002

4.3 变量测量

本书涉及关系状态、参考群体行为、文化性道德评价、契约性道德判断、时机、行为合理化和销售人员的灰色营销行为倾向等变量。为了确保变量测量的准确性，本书中变量都由两个或两个以上的题项来测量，而且题项都来源于相关研究领域较高级别刊物中的文献采用过的题项，受到相关研究领域研究人员认可，题项的信度和效度都很可靠。在题项的翻译方面，除了让多人进行翻译、讨论修正外，还根据研究内容和国人的思维方式以及表达方式对题项进行了调整。

4.3.1 私人关系(GX)

私人关系的量表主要借鉴了庄贵军和席酉民[265]开发的私人关系量表，一共有 4 个题项，在情景 S1 到 S4 中的 4 个情景下，测量情景中销售人员和采购人员之间的私人关系状态。测量题项详见表 4-3。

表 4-3 私人关系的测量

题项	具体指标
GX1	情景中的小刘和李经理的关系很亲密
GX2	情景中的小刘和李经理经常有机会接触，如在一起吃饭或参加某些活动
GX3	情景中的小刘和李经理的关系是经过长时间考验的
GX4	情景中的小刘要不是为了某种利益需要，是不愿与李经理接触的(R)

本书采用 Likert7 点尺度来量度每个题项，从“1＝完全不同意”到“7＝完全同意”记分。在情景 S1 到 S4 中的 4 个情景下，测量到的题项得分相加求均值，得到 GX 指标。GX 的数值越大，表明销售人员感知小刘和李经理的关系越好。

4.3.2 参考群体行为(RG)

(1)组织内参考群体行为。组织内参考群体行为(RGN)的量表根据 Victor 和 Cullen[155] 以及 Weeks 和 Leo[266] 的道德氛围量表修改和补充后得到，一共有 6 个题项。测量题项详见表 4-4。

表 4-4 组织内参考群体的测量

题项	具体指标
RGN1	我的上司经常会给客户红包
RGN2	我的同事经常会给客户红包
RGN3	我的上司经常会给客户送礼
RGN4	我的同事经常会给客户送礼
RGN5	我的上司经常通过给客户红包、送礼而获得订单
RGN6	我的同事经常通过给客户红包、送礼而获得订单

本书采用 Likert7 点尺度来量度每个题项，从“1＝完全不同意”到“7＝完全同意”记分。测量到的题项得分相加求均值，可以得到 RGN 指标。RGN 的数值越大，表明销售人员越会认为组织内参考群体(领导和同事)会参与到灰色营销行为当中。

(2)组织外参考群体行为。组织外参考群体行为(RGW)的量表根据 Schwepker Jr[267]的竞争强度量表以及 Victor 和 Cullen[155]的道德氛围量表修改和补充后得到，一共有 3 个题项。测量题项详见表 4-5。

表 4-5 组织外参考群体行为的测量

题项	具体指标
RGW1	我们公司所在的行业中，销售人员给红包的现象很普遍
RGW2	我们公司所在的行业中，销售人员送礼的现象很普遍
RGW3	我们公司所在的行业中，销售人员请吃的现象很普遍

本书采用 Likert7 点尺度来量度每个题项，从“1＝完全不同意”到“7＝完全同意”记分。用测量到的题项得分相加求均值，可以得到 RGW 指标。RGW 的数值越大，表明销售人员越会认为组织外的参考群体(同行)会参与到灰色营销行为当中。

4.3.3 道德判断(PU)

文化性道德判断和契约性道德判断的量表根据 Reidenbach 和 Robin[248]的多维度道德判断量表得到，一共有 4 个题项，在 S1 到 S4 中的 4 个情景下，测量情景中的销售人员对灰色营销行为的道德性评价。测量题项详见表 4-6，其中 PU1 和 PU2 测量文化性道德判断(PUCUL)，PU3 和 PU4 测量契约性道德判断(PUCON)。

表 4-6 道德判断的测量

题项	具体指标
PU1	小刘的行为在中国道德文化背景下是不能被接受的
PU2	小刘的行为不能被中国传统道德文化接受
PU3	小刘的行为违反了行规
PU4	小刘的行为违反了行业中心照不宣的默契

本书采用 Likert7 点尺度来量度每个题项，从“1＝完全不同意”到“7＝完全同意”记分。在 S1 到 S4 中的 4 个情景下，测量到的题项得分相加求均值，可以得到 PU 指标。PU 的数值越大，表明销售人员越会认为小刘的行为是不道德的，

对灰色营销行为的不道德性评价也就越高。

4.3.4 时机(BA)

时机被做出处理设计在四种销售人员的灰色营销情景之中，在情景 S1、S2 中，小刘在李经理下采购订单之前给李经理“好处费”，此时，令 BA 为 0；在情景 S3、S4 中，小刘在李经理将订单给了小刘所代表的公司之后才给李经理“好处费”，此时，令 BA 为 1。由此可以得到一个哑变量(Dummy Variable)，来测量销售人员给“好处费”的时机。

4.3.5 行为合理化(BJ)

行为合理化量表是根据 Collins 等人[10]的行为合理化的量表修改和补充后得到的，一共有 6 个题项。测量题项详见表 4-7。

表 4-7 行为合理化的测量

题项	具体指标
BJ1	在中国为了进行有效的竞争，销售人员通常会参与到请吃、送礼和给红包等行为中
BJ2	在中国做生意，从事请吃、送礼和给红包活动是正常的
BJ3	与那些参与请吃、送礼和给红包等行为的销售人员相比，不参与这些行为的销售人员会在竞争中处于劣势
BJ4	在中国进行商业活动时，请吃、送礼和给红包等行为是需要重点考虑的事情
BJ5	在中国参与请吃、送礼和给红包等行为，是把事情办妥的一种方式
BJ6	在中国想要把事情办妥需要参与到请吃、送礼和给红包等行为中

本书采用 Likert7 点尺度来量度每个题项，从“1＝完全不同意”到“7＝完全同意”记分。测量到的题项得分相加求均值，可以得到 BJ 指标。BJ 的数值越大，表明销售人员行为合理化的程度就越高。

4.3.6 灰色营销行为倾向(GT)

灰色营销行为倾向的量表根据 Zhuang 和 Tsang[13]以及 Paolillo 和 Vitell[171]的营销道德行为倾向量表补充和修改后得到，一共有 3 个题项。在 S1 到 S4 中的 4 个情景下，测量销售人员的灰色营销行为倾向。测量题项详见表 4-8。

表 4-8　灰色营销行为倾向的测量

题项	具体指标
GT1	我会像小刘那样做
GT2	如果我是小刘，我也会这样做
GT3	如果我是小刘，我不会这样做(R)

本书采用 Likert7 点尺度来量度每个题项，从“1＝完全不同意”到“7＝完全同意”记分。在 S1 到 S4 中的 4 个情景下，测量到的题项得分相加求均值，可以得到 GT 指标。GT 的数值越大，表明销售人员参与灰色营销行为的倾向就越强。

4.4　数据处理方法

回归分析(Regression Analysis)是确定两种或两种以上变量间相互依赖的定量关系的一种统计分析方法。按照涉及的自变量的多少，可分为一元回归分析和多元回归分析；按照自变量和因变量之间的关系类型，可分为线性回归分析和非线性回归分析。回归分析从数据出发确定某些变量之间的定量关系式，即建立数学模型并估计其中的未知参数，然后评价回归模型能否很好地拟合实测数据，并且判断自变量对因变量的影响的显著性，同时，可以对这些关系式的可信程度进行检验，最后，可以利用所求的关系式对某一过程进行预测或控制[268]。本书由于涉及调节变量的检验，用回归分析来检验调节作用是最常用和最稳定的做法[268]，所以回归分析是合适的统计方法。

另外，结构方程模型(Structural Equation Modeling，SEM)是用来检验关于观察变量和潜变量之间架设关系的一种多变量统计分析方法。结构方程模型将多元回归和因子分析有机地结合在一起，适用于隐变量、自变量相关、存在变量误差、多个因变量等复杂条件下的建模。SEM 包括多种统计技术，如路径分析、验证性因子分析、带潜变量的关系模型等。由于本书涉及的变量都是用多个题项来测量的潜变量，每个题项对于因变量的权重不一定是相等的，同时变量的测量也会包含测量误差，需要进行变量的效度检验，验证性因子分析是进行效度检验的有效方法。另一方面因为本书的变量间关系较为复杂，且有多个因变量，所以结构方程模型是合适的统计方法。

4.5 本章小结

本章是本书实证研究的方法设计环节，主要阐述了情景和问卷的设计、样本和数据的收集、变量的测量和数据的处理方法。由于问卷是获取实证研究所需数据的重要工具和手段，因此问卷的质量是保障实证研究结论可靠性的关键。本章对情景和量表的来源及设计进行了详述，并详细介绍了数据收集的过程，最后说明了本书运用的数据处理方法。

5 数据分析与结果

5.1 数据描述性统计分析

本书最终回收的有效问卷为 240 份，根据问卷中设定的被调查者的个人特征变量(性别、年龄、受教育程度和薪资比)以及被调查者所在企业的特征(企业规模、企业性质和行业性质)，将有效问卷录入 SPSS18.0 统计软件，并对数据进行描述性统计分析，得到各变量的基本信息。总样本在这七类个人和企业特征变量上的分布，如表 5-1 所示。

表 5-1 样本的基本情况

变量	类别	人数	百分比/%
性别	男	147	61.800
	女	91	38.200
年龄	25 岁以下	23	9.700
	25～35 岁	155	65.300
	36～45 岁	50	21.200
	45 岁以上	9	3.800
受教育程度	高中及以下	4	2.700
	中专或大专	75	32.200
	本科	127	54.500
	硕士及以上	27	11.600
薪资比	10%以下	25	10.700
	10%～30%	41	17.600
	30%～50%	60	25.800
	50%～80%	71	30.500
	80%以上	36	15.500

续表

变量	类别	人数	百分比/%
企业规模	100 人以下	89	37.500
	100～499 人	75	31.500
	500～999 人	10	4.200
	1 000 人以上	64	26.900
企业性质	国有企业	75	31.800
	集体企业	12	5.100
	私营企业	118	50.000
	合资企业	14	5.900
	外资企业	16	6.800
	其他	1	0.400
行业性质	工业品行业	107	44.600
	消费品行业	37	15.500
	服务业	95	40.000

注：在 2×2 的各组中个别变量的选项没有被填写，所以表中合计的数据与有效问卷数不等。

具体来看：在性别方面，男性被调查者相对较多，约占总样本的 61.800%；在年龄分布方面，25 岁以下、25～35 岁、36～45 岁、45 岁以上的人数比例分别为 9.700%、65.300%、21.200%、3.800%，35 岁以下人数总计占 75%，表明被调查者总体年龄较小；在受教育程度方面，高中及以下、中专或大专、本科、研究生学历的人数比例分别为 2.700%、32.200%、54.500%、11.600%，本科和大中专层次的被调查者居多；从薪资比来看，底薪在收入总额中所占的比例在 10%以下，10%～30%、30%～50%、50%～80%、80%以下的人数比例分别为 10.700%、17.600%、25.800%、30.500%，虽然薪资比在 50%～80%的人数所占的比例最大，但是薪资比低于 50%的人数合计为 54.100%，说明大部分的销售人员的收入和佣金是息息相关的；在企业规模方面，100 人以下、100～499 人、500～999 人、1 000 人以上的企业所占的比例分别为 37.500%、31.500%、4.200%、26.900%，说明中小企业中的被调查者居多；在企业性质方面，私营企业中的人数所占的比例最大，为 50.000%，其次为国有企业，占总人数的

31.800%；在行业性质方面，工业品行业的人数比例最大，为 44.600%，其次是服务业，占总人数的 40.000%，最后是消费品行业，占总人数的 15.500%。

需要指出的是，本书的研究对象是与买方企业采购人员打交道的销售人员，对行业没有限制。虽然不同行业的产品区别很大，如工业品行业面对的是组织客户，而消费品和服务业面对的是最终消费者，但是在产品分销过程中这些行业中的销售人员都会有可能与渠道经销商或大客户打交道，也有可能出现灰色营销现象。因此，本书将企业所属的行业类型归为三类：工业品行业、消费品行业和服务业。

5.2 数据检验

5.2.1 指标的初步处理

在数据检验前，本书首先对数据进行初步整理，包括 3 个方面：第一，对问卷进行编号和排序，并按照编号进行数据录入。这有助于在输入的数据有误时，能方便地查找相应的原始数据。第二，对缺失值的处理。当有效问卷中的某些题项的答案缺失时，就成了系统默认值。一般系统默认值可设置为该题项的均值。第三，对反向问题的重新编码。将问卷中的反向题项(R)，按照 1—7、2—6、3—5、4—4、5—3、6—2、7—1 的对应关系进行编码，最后，将数据整合以便进行检验调节作用的回归分析，将每一份问卷分拆为 2 个观察值[43](在 240 份问卷中，每份问卷的被试者都针对两种情景分别回答相同的问题)。由此可以得到 240×2=480(个)观察值。令关系好的情景(S1 和 S3)为 1；关系一般的情景(S2 和 S4)为 0；事前给好处费的情景(S1 和 S2)为 0；事后给好处费的情景(S3 和 S4)为 1，以此方式进行拆分。

5.2.2 题项筛选

(1)题项相关度分析。题项相关度(Corrected-Item-to-Total Correlation, CITC)是指对于测量同一变量的所有题项而言，每一个题项与其他所有题项之和的相关系数[269]。通常来讲，题项相关度越高，测量同一变量的不同题项间的耦合性越好。相反，若某一题项的题项相关度(CITC)小于 0.500，则说明该题项与其他题项不能很好聚合以测量该变量，应删除该题项(除非有将其保留的特别的理由）。变量的题项相关度分析见表 5-2，其中 CITC 系数最小的为 0.580，大于 0.500，因此不需要删减题项。

表 5-2 变量的题项相关度分析

变量	题项	CITC	Alpha if Item Deleted	Cronbach α
私人关系	GX1	0.713	0.765	0.836
	GX2	0.673	0.790	
	GX3	0.664	0.795	
	GX4	0.612	0.817	
组织内参考群体行为	RGN1	0.772	0.907	0.921
	RGN2	0.746	0.911	
	RGN3	0.811	0.902	
	RGN4	0.787	0.905	
	RGN5	0.762	0.909	
	RGN6	0.774	0.907	
组织外参考群体行为	RGW1	0.868	0.900	0.934
	RGW2	0.921	0.857	
	RGW3	0.804	0.950	
文化性道德判断	PU1	0.775	—	0.873
	PU2	0.775	—	
契约性道德判断	PU3	0.615	—	0.761
	PU4	0.615	—	
行为合理化	BJ1	0.796	0.875	0.899
	BJ2	0.802	0.870	
	BJ3	0.580	0.907	
	BJ4	0.716	0.883	
	BJ5	0.784	0.874	
	BJ6	0.748	0.878	

续表

变量	题项	CITC	Alpha if Item Deleted	Cronbach α
灰色营销行为倾向	GT1	0.823	0.825	0.897
	GT2	0.767	0.879	
	GT3	0.794	0.856	
注："一"处表示删掉一个题项后，这个变量仅剩一个题项，没有 Cronbach α 值				

(2)单一维度性检验。单一维度性(Unidimensionality)是指任意一个题项只测量了唯一的一个变量，而非多个变量。本书对所有题项进行探索性因子分析(Exploratory Factor Analysis，EFA)，得出题项的因子荷载值，其可以反映出提取的因子与该题项的相关程度，题项在某个因子上的荷载值越大，则该题项与因子的关系越紧密，解释因子时也越重要；若题项在某因子上的荷载值越小，则该题项不能反映出该因子的特征。另外，当题项分别在两个或两个以上因子的荷载值都很高且荷载值近似时，则删除该题项。本书的题项选择标准为：第一，题项的因子荷载值大于 0.400；第二，题项只在一个因子上的荷载值大或变量在某个因子上的荷载值是它在其他因子荷载值的两倍以上；第三，若题项间相关系数很高，且语义重复，那么只保留一个。

因子分析的潜在前提是：观测变量间应具有较强的相关关系，因此在因子分析前，需要运用巴特利特球体检验(Bartlett test of Sphericity)和 KMO(Kaiser-Meyer-Olkin)来对初始观测变量进行相关分析检验，判断其是否适合进行因子分析。巴特利特球体检验以观测变量的相关系数矩阵为出发点，其统计量可根据相关系数矩阵的行列式得到。若该统计量的值较大，表明其对应的相伴概率值小于分析所要求的显著性水平，则观测变量适合做因子分析[270]。而 KMO 用来检验观测变量间的简单相关系数和偏相关系数的相对大小。KMO 的检验统计量取值在 0～1，其值越接近 1，说明观测变量间的共同因素越多，越适合做因子分析[270]。Hair Jr 等人认为 KMO 值在 0.500 以下时，不适合做因子分析[271]。数据分析结果显示，这些题项的 KMO 值为 0.842，且通过了巴特利特球体检验($p<0.000$)，说明数据适合做因子分析，具备因子分析的良好条件。本书采用方差最大化正交旋转(Varimax)进行因子分析，分析结果见表 5-3。

表 5-3 探索性因子分析结果

变量	题项	因子					
		1	2	3	4	5	6
私人关系	GX1	0.075	−0.086	0.860	0.052	0.024	−0.035
	GX2	−0.031	0.043	0.830	−0.010	0.033	0.029
	GX3	0.013	0.052	0.811	0.008	−0.052	−0.102
	GX4	−0.089	−0.140	0.767	−0.013	−0.065	−0.025
组织内参考群体行为	RGN1	0.804	0.102	−0.010	0.122	−0.169	0.057
	RGN2	0.785	0.070	0.013	0.083	−0.196	0.014
	RGN3	0.810	0.102	−0.015	0.188	−0.083	0.035
	RGN4	0.862	0.033	0.004	0.087	−0.016	−0.038
	RGN5	0.767	0.106	−0.004	0.204	−0.097	0.125
	RGN6	0.788	0.106	0.007	0.136	−0.139	0.063
组织外参考群体行为	RGW1	0.823	0.117	−0.019	0.115	0.119	−0.291
	RGW2	0.815	0.110	0.000	0.036	0.150	−0.316
	RGW3	0.723	0.165	−0.046	0.072	0.100	−0.321
文化性道德判断	PU1	−0.079	−0.145	−0.024	−0.123	0.886	0.162
	PU2	−0.154	−0.136	−0.038	−0.046	0.891	0.101
契约性道德判断	PU3	−0.078	−0.082	−0.025	−0.123	0.200	0.796
	PU4	−0.102	−0.095	−0.111	−0.076	0.069	0.823
行为合理化	BJ1	0.014	0.841	−0.035	0.110	−0.076	−0.191
	BJ2	0.112	0.842	−0.057	0.167	−0.105	−0.133
	BJ3	0.177	0.697	0.037	0.046	0.030	0.184
	BJ4	0.142	0.777	−0.046	0.138	−0.061	−0.026
	BJ5	0.060	0.839	−0.032	0.097	−0.113	−0.182
	BJ6	0.145	0.805	−0.029	0.147	−0.053	0.028
灰色营销行为倾向	GT1	0.265	0.271	0.013	0.827	−0.101	−0.140
	GT2	0.233	0.176	0.034	0.842	−0.065	−0.096
	GT3	0.247	0.220	−0.002	0.843	−0.044	−0.041

分析结果显示，共有 6 个因子的特征根的值大于 1，累计方差解释率为 73.143%，从因子荷载的情况来看，这 6 个因子与本书所设想得一致，各个题项都荷载到相应的因子上，且所有因子的荷载值都在 0.700 以上，没有出现交叉荷载的现象。除了参考群体行为这个变量，没有能与设想得一致，即分成组织内参考群体和组织外参考群体两个维度，而是荷载到一个因子上了，本书将这个因子整体命名为参考群体行为。

5.3 变量正态性检验

本书主要的数据处理方法为回归分析和结构方程模型(SEM)方法，而无论是回归分析所常用的最小二乘法还是结构方程最常用的估计方法即最大似然估计法(ML)，它们的前提条件之一都是模型中的变量，特别是因变量应该呈多元正态分布。此外，SEM 的基本拟合指标卡方对变量的正态性分布很敏感，若变量不服从正态性假设，将会造成卡方估计过高，而让模型和数据之间的拟合度不高[258]。因此，在正式的数据分析前都需要检验变量的正态性分布情况。变量的偏度(Skewness)与峰度(Kurosis)是用来检验数据正态性的最常用的指标之一，可以描述数据的非正态程度。偏度反映的是数据的非对称性，而峰度反映的是数据的平坦或尖峰分布的情况。当峰度过高时，会高估卡方值，导致犯第一类错误的概率偏大；当峰度过低时，则卡方值被低估，犯第一类错误的概率偏小。若指标分布有较大的偏度，卡方值也会被高估。当偏度绝对值小于 3，峰度绝对值小于 10 时，就表明样本基本上服从正态分布[272]。变量测量项目的均值、标准差、偏度和峰度等的描述性统计见表 5-4。从表 5-4 中可以看出，本书中的变量基本服从正态分布，满足统计分析的条件。

表 5-4 变量正态性检验

变量	题项	均值	标准差	偏度	峰度
私人关系	GX1	3.970	2.077	0.073	−1.311
	GX2	4.612	1.838	−0.446	−0.811
	GX3	4.095	1.781	−0.009	−0.988
	GX4	4.110	1.678	−0.069	−0.773

续表

变量	题项	均值	标准差	偏度	峰度
参考群体行为	RGN1	3.612	1.486	0.102	−0.156
	RGN2	3.541	1.523	0.141	−0.450
	RGN3	3.854	1.531	0.016	−0.282
	RGN4	3.816	1.523	−0.015	−0.318
	RGN5	3.654	1.650	0.199	−0.522
	RGN6	3.620	1.604	0.066	−0.609
	RGW1	4.275	1.669	−0.274	−0.666
	RGW2	4.366	1.684	−0.342	−0.525
	RGW3	4.620	1.693	−0.507	−0.344
文化性道德判断	PU1	3.816	1.460	0.026	−0.317
	PU2	4.020	1.509	−0.025	−0.401
契约性道德判断	PU3	3.510	1.336	0.241	0.023
	PU4	3.450	1.411	0.361	−0.059
行为合理化	BJ1	5.533	1.278	−0.652	0.126
	BJ2	5.464	1.282	−0.667	0.335
	BJ3	4.697	1.556	−0.245	−0.655
	BJ4	4.862	1.392	−0.312	−0.085
	BJ5	5.241	1.242	−0.440	0.114
	BJ6	4.862	1.386	−0.328	−0.166
灰色营销行为倾向	GT1	4.662	1.403	−0.377	−0.042
	GT2	4.460	1.495	−0.435	−0.042
	GT3	4.656	1.494	−0.449	0.015

5.4 数据相关分析

在进行回归分析和使用结构方程模型前，首先对所有的变量进行描述统计，得到变量的均值和方差，以及变量间的相关系数，这有助于对变量间的关系有一个直观清晰的了解，变量间的相关系数矩阵见表 5-5。

表 5-5　变量的相关系数矩阵

变量	均值	方差	GX	RG	PUCUL	PUCON	BA	BJ	GT
GX	4.197	6.059	1						
RG	3.929	11.730	−0.012	1					
PUCUL	3.918	2.799	−0.050	−0.205**	1				
PUCON	3.480	2.469	−0.103*	−0.213**	0.249**	1			
BA	0.491	0.500	0.000	−0.015	−0.022	−0.079	1		
BJ	5.110	6.655	−0.066	0.283**	−0.245**	−0.196**	0.027	1	
GT	4.593	4.002	0.023	0.438**	−0.248**	−0.239**	0.144**	0.414**	1

注：** 表示 $p<0.010$(双尾检验)；* 表示 $p<0.050$(双尾检验)。

5.5　变量信度检验

数据的信度(Reliability)是指一组题项是否在衡量同一个概念，它是衡量数据质量非常关键的指标之一。信度反映了测量结果的稳定性程度，即同一测量工具对同一测量对象得到一致结果的可能性，它体现了量表的质量高低。在实证研究中，学术界通常采用内部一致性信度来衡量量表的可靠性或测量中随机误差的大小。检验内部一致性信度的常用方法是 Cronbach α 系数和组合信度(Composite Reliability，CR)。

Cronbach α 系数的取值在 0～1，值越大，则量表信度越高。一般而言，若 Cronbach α 值大于 0.700，则内部一致性信度较高；若取值在 0.600～0.700，则内部一致性信度较低但可以接受；若取值低于 0.600，则内部一致性信度较差，不可以接受[273]。计算 Cronbach α 系数的公式见式(5-1)：

$$\alpha = \frac{K}{K-1}\left(1-\frac{\sum_{i=1}^{K}\sigma_{Y_i}^2}{\sigma_X^2}\right) \tag{5-1}$$

式中　K——量表包含的题项数目；

σ_X^2——总样本方差；

$\sigma_{Y_i}^2$——当前样本方差。

组合信度(*CR*)是指一个由多个题项测量的潜变量的信度[261]。*CR* 的取值在 0～1，值越大则组合信度越好。一般而言，*CR* 值应在 0.700 以上，或不应低于 0.600[274]。计算 *CR* 的公式见式(5-2)：

$$CR = \frac{\left(\sum FL\right)^2}{\sum(1-FL^2)+\left(\sum FL\right)^2} \tag{5-2}$$

式中，*FL* 是题项的因子荷载。

使用 Cronbach α 系数检验信度有一个前提：变量是单一维度的。Cronbach α 系数指标往往会低估多维度变量的信度[275]。因此，Cronbach α 系数检验要放在单一维度性检验之后[276]。从前面的单一维度性检验即探索性因子分析结果可以看出，本书中测量各变量的题项都在一个共同的因子上汇聚，且因子荷载都较高，变量的题项没有交叉，这表明本书中的变量具有较好的单一维度性。

本书数据的信度分析结果见表 5-7 中的 Cronbach α 和 *CR* 两列。Cronbach α 指标检验结果显示，本书 6 个变量的 Cronbach α 系数都在 0.700 以上，表明变量的信度处于可接受的范围内[277]。*CR* 值的计算结果表明，所有 6 个变量的值都大于 0.700，是可以接受的。这两个信度指标表明，本书的观测变量对于潜变量的内部一致性信度和组合信度满足信度检验的要求。

5.6 变量效度检验

5.6.1 内容效度检验

内容效度(Content Validity)是指测量题项对有关内容或行为的范围取样的适当程度。其实质是检验内容的有效性与准确性，它可以由研究者主观判断测量的题项是否清晰而全面地涵盖了变量的所有维度[278]。本书从 3 个方面保证测量量表的内容效度：第一，借鉴了国内外公开发表过的相关领域的成熟量表，并结合国内销售员的实际情况进行了修正；第二，本领域的专家，1 位博士生导师、8 位企业的销售经理和 10 位企业管理专业的博士生，对量表的内容进行了评估和修改；第三，在预测试和与销售人员进行访谈之后，量表被进一步地修正，形成了最终的调查问卷。

5.6.2 建构效度检验

建构效度是指变量的测量能否反映变量的本质，关注的是变量的操作化问题[26]。建构效度的检验是由收敛效度和区分效度组成的。

(1)收敛效度检验。收敛效度(Convergent Validity)是指不同的观察变量是否可用来测量同一潜变量[268]，即某变量所包含的各题项间的相关性程度，若许多题项测量了同一个变量，那么这些题项存在收敛效度[279]。一般来讲，探索性因子分析结果和平均方差抽取值(Average Varience Extracted，AVE)可以用来判断观察变量和潜变量之间的这种相关性程度是否可以接受。探索性因子分析用来检验各题项在所测量变量因子上的因子荷载(Factor Loading)。题项的因子荷载越显著且数值越高就越能很好地测量所属因子。一般来讲，因子荷载大于 0.700 是合适的，因子荷载的最低容忍值为 0.400[280]。而 AVE 检验各个因子的题项对因子变异的总解释度。当 AVE 大于 0.500，表示较好的收敛效度，其最低容忍值为 0.400[280]。

AVE 的计算公式见式(5-3)和式(5-4)：

$$AVE(X)=\frac{(\sum\lambda_i^2)Var(X)}{(\sum\lambda_i^2)Var(X)+\sum Var(\varepsilon_i)} \tag{5-3}$$

$$\begin{aligned} Var(x_1+\cdots+x_n) &= Var(\lambda_1 x_1+\varepsilon_1+\cdots+\lambda_n x_n+\varepsilon_n) \\ &= (\sum\lambda_i^2)Var(X)+\sum Var(\varepsilon_i) \end{aligned} \tag{5-4}$$

式中 λ_i——指标题项 x_i 在潜变量 X 上的荷载；

$\sum Var(\varepsilon_i)$—— 潜变量 X 无法被解释的变异；

ε_i——指标题项 x_i 的测量误差。

探索性因子分析的结果见表 5-3。每个变量的测量题项都荷载在一个因子上，并且在其他因子上的荷载都较小。这意味着变量之间的题项没有相互交叉，每个因子都仅反映了一个潜变量。另外，每个变量的测量题项在其所属因子的因子荷载都比较高，都在 0.700 以上，满足收敛效度要求，量表的测量题项能较好地反映本书模型中的各个概念。因此，根据探索性因子分析的结果，本书中的变量的测量结构清晰，收敛效度较好。

为了计算 AVE 及式(5-3)中的各题项的荷载 λ_i 和测量误差 ε_i，本书用 A-MOS18.0 软件对变量进行了验证性因子分析(Confirmatory Factor Analysis, CFA)。为了提高测量指标的可靠性，增强参数估计的稳定性，本书采用国内外学者惯用的做法，将各个变量测量题项随机合并为数目更少的子指标，这里将关系、参考群体行为和行为合理化的原有 4 个、9 个和 6 个题项分别合并为 3 个题项，并取其平均值。这里验证性因子模型的整体拟合情况见表 5-6，从表中可以看出，卡方与自由度的比值为 1.070，小于参考值 2。*RMSEA*＝0.010，小于参考值 0.080，*NFI*＝0.980、*CFI*＝0.990、*GFI*＝0.980、*AGFI*＝0.960，都大于参考值 0.900，表明验证性因子分析模型拟合得较好，这意味着研究所提出的因子结构相对清晰并得到数据的支持。

表 5-6 验证性因子分析模型拟合结果

拟合指标	χ^2/df	RMSEA	NFI	NNFI	CFI	GFI	AGFI
验证性因子分析	1.070	0.010	0.980	0.990	0.990	0.980	0.960
参考值	＜2	＜0.080	＞0.900	＞0.900	＞0.900	＞0.900	＞0.900

验证性因子分析的结果见表 5-7，从因子荷载上看，因子荷载都较高(最小的因子荷载为 0.730)，这支持了之前探索性因子分析的结果，进一步证明了变量具有较好的收敛效度。

此外，*AVE* 值计算结果见表 5-7，本书中所涉及的 6 个变量的 *AVE* 值中最小的为 0.615，大于 0.500，因此，本书中变量的收敛效度处于可接受的范围内。

表 5-7 验证性因子分析结果及 *AVE* 计算

变量	题项	CFA-因子荷载	*AVE*	*CR*	Cronbach α
GX	GX1	0.830	0.615	0.827	0.836
	GX2	0.760			
	GX3	0.760			
RG	RG1	0.880	0.822	0.933	0.937
	RG2	0.920			
	RG3	0.920			
PUCUL	PU1	0.940	0.778	0.875	0.873
	PU2	0.820			
PUCON	PU3	0.820	0.603	0.751	0.761
	PU4	0.730			
BJ	BJ1	0.940	0.783	0.915	0.899
	BJ2	0.900			
	BJ3	0.810			

续表

变量	题项	CFA-因子荷载	*AVE*	*CR*	Cronbach α
GT	GT1	0.920	0.747	0.899	0.897
	GT2	0.810			
	GT3	0.860			

(2)区分效度检验。区分效度(Discriminant Validity)是指不同的潜变量是否存在显著差异[268]。可以从两个方面检验变量间的区分效度：探索性因子分析和验证性因子分析结果(见表 5-3 和表 5-7)以及计算变量 *AVE* 平方根的方法。

探索性和验证性因子分析结果表明，各个测量题项都汇聚于其对应变量所在的因子上，在其他因子上的荷载较小，测量题项间不存在交叉的情况，因子之间的区分性较好。

对比 *AVE* 的平方根与变量之间的相关系数的大小，可以检验变量间的区分效度。如前所述，平均方差抽取值 *AVE* 是潜变量的变异被测量题项所解释的百分比，*AVE* 可以反映测量的变异误差[281]。变量的 *AVE* 的平方根值大于变量间的相关系数，则说明变量间的区分效度较好。可以看出，*AVE* 的平方根值(见表 5-8 内对角线上加粗的数值)大于所有变量间的相关系数。这表明，本书中的各个变量间具有较好的区分效度。

表 5-8 变量的区分效度检验

变量	GX	RG	PUCUL	PUCON	BJ	GT
GX	**0.784 0**					
RG	−0.012	**0.906 8**				
PUCUL	−0.050	−0.205	**0.882 0**			
PUCON	−0.103	−0.213	0.249	**0.776 3**		
BJ	−0.066	0.283	−0.245	−0.196	**0.884 9**	
GT	0.023	0.438	−0.248	−0.239	0.414	**0.864 5**

5.7 共同方法偏差分析

共同方法偏差(Common Method Biases，CMB)指的是因为同样的数据来源或评分者，同样的测量环境、项目语境以及项目本身特征所造成的预测变量与效标变量之间人为的共变[282]。这种人为的共变会带来潜在的影响，如混淆研究结果、误导结论[283]。在统计分析中，CMB的存在会让两个变量之间的相关性被过高地估计。对于自我报告的测量方式，共同方法偏差问题必须考虑[284]。由于本书所采用的数据是通过自我报告的形式来收集的，这会带来共同方法偏差问题。

第一，Harman提出的单因子检验(One-Factor Test)法被用来检验共同方法偏差。本书采用主成分分析法，即无旋转的因子分析。分析结果(见表5-9)提取出特征值大于1的因子有6个，解释了总体变异的73.143%。其中，第一个因子的特征值为7.978，解释了总体变异的30.683%。Podsakoff和Organ认为，第一个因子解释的总体变异在40%以下，则共同方法偏差问题在可接受的范围内[285]，本书的结果小于40%这一标准，说明本书中的变量的共同方法偏差问题处于可接受的范围内。因此，本书的共同方法偏差问题不会产生过大的影响。

表5-9 单因子分析结果

提取因子	特征值	提取的平方荷载	
		提取变异百分比/%	累积提取变异百分比/%
1	7.978	30.683	30.683
2	3.548	13.647	44.331
3	2.779	10.688	55.019
4	1.766	6.790	61.809
5	1.510	5.810	67.619
6	1.436	5.524	73.143

第二，使用了验证性因子分析进行单因子检验以进一步评估共同方法偏差[286]。验证性因子分析拟合结果见表5-10，从表中可以看出，卡方与自由度的比值为30.302，大于参考值2，*RMSEA*=0.247，大于参考值0.08，*NFI*、*NNFI*、*CFI*、*GFI*和*AGFI*的值都小于参考值0.90，因此，模型与数据拟合得不好，显著低于测量模型的拟合指标。这进一步表明单因子模型是不可接受的，潜在的共同方法偏差的影响很小。

表 5-10　验证性因子分析拟合结果——单因子

拟合指标	χ^2/df	*RMSEA*	*NFI*	*NNFI*	*CFI*	*GFI*	*AGFI*
验证性因子分析	30.302	0.247	0.352	0.259	0.358	0.549	0.410
参考值	>2	>0.08	<0.90	<0.90	<0.90	<0.90	<0.90

第三，使用标签变量法(Marker Value Method)检验共同方法偏差。这是目前学术界使用较为普遍的一种方式[287]，即当一个变量和其他变量中的一个或一个以上的变量在理论上不相关，那么这个变量可以当作一个"标签"。若"标签"与不相关的变量间出现相关，则可以归因于共同方法偏差带来的结果[287]。具体步骤为：第一，将所有显著负相关的相关系数反向计分，即去掉其符号。第二，检查是否有哑变量的存在而出现负相关关系，则去掉哑变量。第三，选择所有相关系数 r_{ij}(变量间的相关系数)和 r_{Yi}(其他变量与效标变量的相关系数)中，为正相关的且最小的系数作为 r_s 的估计值。第四，用 r_s 值计算调整后的偏相关系数 $r_{Yi.M}$以及用来检验显著性的 $t_{\alpha/2,N-3}$值。计算 $r_{Yi.M}$和 $t_{\alpha/2,N-3}$值的公式分别见式(5-5)和式(5-6)。

$$r_{Yi.M}=\frac{r_{Yi}-r_s}{1-r_s} \tag{5-5}$$

$$t_{\alpha/2,N-3}=\frac{r_{Yi.M}}{\sqrt{(1-r_{Yi.M}^2)/(N-3)}} \tag{5-6}$$

计算结果见表 5-11，可见在控制了共同方法偏差变化后，GX、RG、PUCUL、PUCON、BJ 这几个变量和 GT 的相关系数的显著性没有变化，表明共同方法偏差的存在并没有过分地影响本书的结论。

表 5-11　调整后的偏相关系数

变量	GX	RG	PUCUL	PUCON	BJ	MARKER	GT
GX	1						
RG	0.012	1					
PUCUL	0.050	0.205**	1				
PUCON	0.103*	0.213**	0.249**	1			
BJ	0.066	0.283**	0.245**	0.196**	1		
MARKER	0.001	0.038	0.030	−0.041	0.015	1	

续表

变量	GX	RG	PUCUL	PUCON	BJ	MARKER	GT
GT	0.023	0.438**	0.248**	0.239**	0.414**	0.029	1
$r_{Yi.M}$	0.022	0.437**	0.247**	0.238**	0.413**	0.028	
注：** 表示 $p<0.010$(双尾检验)，* 表示 $p<0.050$(双尾检验)；$N=240$。							

5.8 假设检验

5.8.1 假设检验的方法与统计原理

(1)主要分析方法和指标。在假设检验分析过程中，本书主要应用 SPSS18.0 软件中的回归分析和结构方程模型的方法来进行数据的处理和检验。回归分析(Regression Analysis)主要研究的是一个随机变量 Y 对另一个 X 或另一组随机变量 X_i 的依赖关系的函数，即考察 X_i 每变化一个单位，Y 也随之变化的程度。Y 对 X 或 X_i 的依赖关系是否成立，是由 X 或 X_i 的回归标准系数的显著性来决定的。而结构方程模型除了能够描述观测变量与潜变量之间的关系外(测量模型)，还可以用来估算潜变量与潜变量之间的关系(结构模型)。SEM 中常用的拟合指标一般包含绝对拟合指数和相对拟合指数两类，具体情况如下：

①卡方值 χ^2(Chi-square)和卡方值自由度比值($\chi^2/\mathrm{d}f$)。卡方值是检验模型整体拟合效果的一个最基本的绝对拟合指数，是计算其他拟合指数的基础。结构方程的拟合是指尝试改变各个参数值的大小，从而使得再生的协方差矩阵(即 E)去接近样本的协方差矩阵(即 S)，并通过拟合函数 F，来最小化两个矩阵的差异。χ^2 值可由拟合函数计算得到，见式(5-7)和式(5-8)：

$$f_{ML} = \log\left|\sum{}^{(g)}\right| + tr\left(S^{(g)}\sum{}^{(g)-1}\right) - \log\left|S^{(g)}\right| - p^{(g)} + (\overline{x}^{(g)} - \mu^{(g)})'\sum{}^{(g)-1}(\overline{x}^{(g)} - \mu^{(g)}) \tag{5-7}$$

式中 f_{ML}——拟合函数 F 的最小值计算公式；

$\sum^{(g)}$——总体的协方差矩阵；

$S^{(g)}$——样本的协方差矩阵；

$p^{(g)}$——观测变量的数目；

$\overline{x}^{(g)}$——样本均值；

$\mu^{(g)}$——样本方差。

$$\chi^2=(n-1)F \tag{5-8}$$

式中　n——样本量；

F——拟合函数。

由于 χ^2 的取值与样本量有关，样本量的增大会使得 χ^2 值相应地增大，因此，模型被拒绝的概率增加。为了减少样本量的影响，一般在研究中倾向于采用 χ^2 值和自由度的比值来作为拟合度指标。

②RMSEA。RMSEA(Root Mean Square Error of Approximation)是基于总体差距的指数，为估计模型拟合程度的一个常用的绝对拟合指标。其计算公式见(5-9)：

$$RMSEA=\sqrt{\frac{\max(\chi^2-\mathrm{d}f,\ 0)}{\mathrm{d}f\cdot(n-1)}} \tag{5-9}$$

式中　$\mathrm{d}f$——自由度；

n——样本容量。

③GFI。GFI(Goodness of Fit Index)是常用的建议模型拟合度的绝对拟合指标，计算公式见式(5-10)：

$$GFI=1-\frac{F\left[S,\sum(\hat{\theta})\right]}{F\left[S,\sum(0)\right]} \tag{5-10}$$

式中　$F\left[S,\sum(\hat{\theta})\right]$——再生协方差矩阵与样本方差矩阵之差；

$F\left[S,\sum(0)\right]$——所有观测变量之间相互独立情况下协方差矩阵(Null Model)与样本方差矩阵之差。

④AGFI。AGFI (Adjusted Goodness Fit Index)是调整后的拟合优度指数，是一个绝对拟合指标，计算公式见(5-11)：

$$AGFI=1-(1-GFI)\frac{\mathrm{d}f_t}{\mathrm{d}f_n} \tag{5-11}$$

式中　$\mathrm{d}f_n$——虚拟模型的自由度；

$\mathrm{d}f_t$——假设理论模型的自由度。

⑤NNFI(TLI)。NNFI(Non-Normed Fit Index)即 TLI(Tucker-Lewis Index)是经常使用的相对拟合指标。它比较的是虚拟模型即底线模型的 χ^2 和假设理论模型的 χ^2。其计算公式见式(5-12)：

$$NNFI=\frac{\frac{\chi_n^2}{\mathrm{d}f_n}-\frac{\chi_t^2}{\mathrm{d}f_t}}{\frac{\chi_n^2}{\mathrm{d}f_n}-1} \tag{5-12}$$

式中　χ_n^2——虚拟模型的卡方值与自由度；

χ_t^2——假设理论模型的卡方值与自由度。

⑥CFI(RNI)。CFI(Comparative Fit Index)即RNI(Relative Non-centrality Index)，该指数是反映现有结构模型相对于独立模型(观测变量之间相互独立)的拟合优度，是一个相对拟合指标。其计算公式见式(5-13)：

$$CFI=1-\frac{\max(\chi_t^2-\mathrm{d}f_t,\ 0)}{\max(\chi_n^2-\mathrm{d}f_n,\ 0)} \tag{5-13}$$

(2)调节变量的作用分析方法。调节变量是指一个变量 X_1 影响了另一个变量 X_2 对 Y 的影响时，X_1 就是调节变量，调节变量所起的作用称为调节作用。调节变量影响自变量与因变量间的关系，既可以是影响关系的方向，也可以是影响关系的强度。调节变量可以是类别变量(如性别、种族等)，也可以是连续变量(如工资水平、工作年限等)。

需要指出的是，调节作用与交互作用既相互联系又有区别。交互作用是指两个变量(X_1 和 X_2)共同作用时对 Y 的影响不等于两者分别影响 Y 的简单的数学和。在分析交互作用时，两个自变量的地位可以是对称的，任何一个自变量都可以被解释为调节变量；两个自变量的地位也可以是不对称的，只要两个自变量中的一个发挥调节变量的影响作用，那么交互效应就存在[268]。但是在分析调节作用时，自变量和调节变量是确定的，是根据理论基础来决定的，两者在一个确定的模型中是不可以互换的，即调节作用是不完全对称的[268]。

但是在统计分析角度上，调节作用和交互作用是没有区别的，都是由两个变量的乘积来表现的，最简单的调节模型公式见式(5-14)。

$$Y=\beta_0+\beta_1 X_1+\beta_2 X_2+\beta_3 X_1 X_2 \tag{5-14}$$

式中，X_1 和 X_2 对 Y 的影响分别是 β_1 和 β_2，β_1 和 β_2 反映了主效应的大小和正负情况，β_3 则反映的是交互作用和调节变量的大小和正负情况。调节作用用 X_1 和 X_2 的乘积项来体现的原理见式(5-15)，即对 Y 求 X_2 的偏导数：

$$\frac{\partial\hat{Y}}{\partial X_2}=\beta_2+\beta_3 X_1 \tag{5-15}$$

从式(5-15)中可以看出，X_2 对 Y 的影响取决于 X_1 的值，这符合调节和交互作用的定义。当 β_3 显著的时候，调节变量的调节作用是成立的，交互效应也是存在的。

一般来讲，调节作用用回归分析的方法来验证是比较好的，特别是要比用分组验证即方差分析的方法好[268]。检验调节作用的具体步骤：第一，对自变量或调节变量的处理。一方面，对类别变量的处理，即用哑变量代表类别变量。若自变量或调节变量其中有一个是类别变量，则需要将类别变量转化为哑变量。哑变量的数目等于类别变量水平个数减一。另一方面，对连续变量进行中心化或标准化处理。中心化处理是让测量变量的每个数据点减去均值，以得到样本均值为 0 的新数据。中心化处理的目的是减少回归中变量间的多重共线性问题，因为预测变量和调节变量可能和乘积项高度相关。第二，构造乘积项。这里仅需要将哑变量或中心化处理的自变量和调节变量相乘，需要注意的是，仅在乘积项处使用中心化后的值，见式(5-16)，其中 $\overline{X}$ 和 $\overline{M}$ 是中心化后的值。第三，构造方程。按照式(5-16)，将未经过中心化处理的自变量、调节变量和因变量以及中心化处理后的乘积项放入多元回归方程中进行调节作用的检验，当乘积项的系数显著时，表明调节作用存在。第四，调节作用的分析和解释。分析调节变量的作用模式方法随着调节变量和自变量类型的不同而不同。若两者是定类变量，则可以在不同组别中分别计算因变量的均值，以均值所作的图来直观表现调节变量的作用模式，或在调节变量所分的不同组别中，计算自变量对因变量回归的斜率。当调节变量是连续变量时，一种方法是以调节变量的中位数为划分点，分别对低于和高于中位数的两个组别进行回归，以观测其对自变量和因变量间关系的影响作用模式；另一种方式是以调节变量均值左右各一个标准差的区域为划分点，将大于这个区域和小于这个区域的两个组别分别进行回归。

$$Y=\beta_0+\beta_1 X+\beta_2 M+\beta_3 \overline{X}\times\overline{M} \tag{5-16}$$

(3)研究变量值的计算。变量值的计算一般有两种方法：一种是计算变量因子值。即通过 SPSS 的因子分析功能，根据每个因子的分类指标或测量题项计算出来。另一种方法是计算变量值的平均值。这种方法也是国内外学者普遍采用的，即使用变量的测量题项或指标的平均值。这种方法有利于增强变量指标的可靠性和参数估计的稳定性[288]。

5.8.2 结构模型分析

本书先用结构方程分析和检验概念模型中除调节变量之外的几个变量间关系

的模型的拟合程度，然后考查模型中各变量之间的标准化路径关系，最后进行模型的比较。

(1)模型的拟合情况。本书使用 AMOS18.0 软件对第 3 章提出的概念模型中的主体部分进行检验。在结构方程的测量模型和概念模型的基础上，对路径模型进行拟合与评估，评估后的各项拟合指标结果见表 5-12。

表 5-12　本书模型拟合指数

拟合指标	指标值	判断值	拟合情况
χ^2/df	1.812	$1<\chi^2/df<3$	很好
RMSEA	0.041	<0.080	很好
NNFI	0.982	>0.900	很好
CFI	0.989	>0.900	很好
GFI	0.974	>0.900	很好
AGFI	0.951	>0.900	很好
NFI	0.976	>0.900	很好

从表 5-12 中可以看出，本书拟合指标 χ^2/df 的值为 1.812，处于可以接受的范围；近似误差方根(*RMSEA*)的值为 0.041，也达到了小于 0.080 的标准；*NNFI*、*CFI* 的值分别为 0.982 和 0.989，都高于该指标对临界值 0.900 的要求；*GFI*、*AGFI* 和 *NFI* 的值分别为 0.974、0.951 和 0.976，都高于该指标的临界值 0.900。这些指标表明假设模型与样本数据的拟合程度很好，数据能够较好地支持本书的假设模型。本书的假设检验结果见表 5-13。

表 5-13　假设检验结果

假设	路径	标准化路径系数	*t* 值	是否支持假设
H1a	私人关系→文化性道德判断	−0.078	−1.476	不支持
H1b	私人关系→契约性道德判断	−0.145	−2.458	支持
H2	私人关系→灰色营销行为倾向	0.011	0.228	不支持
H3a	参考群体行为→文化性道德判断	−0.225	−4.436	支持
H3b	参考群体行为→契约性道德判断	−0.248	−4.650	支持
H4	参考群体行为→灰色营销行为倾向	0.418	8.516	支持

续表

假设	路径	标准化路径系数	t值	是否支持假设
H5a	文化性道德判断→灰色营销行为倾向	－0.112	－2.054	支持
H5b	契约性道德判断→灰色营销行为倾向	－0.153	－2.262	支持

(2)结构模型。从模型拟合指标显示的结果来看，本书的概念模型是可以接受的。以此为基础，本书得出的概念模型中各变量间的标准化路径关系如图 5-1 所示。其中，实线表示得到支持的假设，虚线表示没有得到支撑支持的假设。

(3)结构模型中的假设检验的结果。从表 5-13 中各变量间的路径系数和 t 值可以看出，8 个假设中有 6 个得到支持，2 个假设没有得到支持。

第一，私人关系对销售人员灰色营销行为决策的影响。以表 5-13 可以看出，私人关系和文化性道德判断的标准化系数为－0.078，t 值为－1.476（$p>0.050$），表明销售人员和采购人员之间私人关系的好坏与销售人员对灰色营销的文化性道德判断之间没有显著性的关系，并不会影响销售人员对灰色营销的不道德性判断，因此，假设 H1a 没有得到数据支持。私人关系和契约性道德判断的标准化系数为－0.145，t 值为－2.458($p<0.050$)，表明销售人员和采购人员之间私人关系的好坏和销售人员对灰色营销的契约性道德判断之间是显著的负相关关系，即销售人员和采购人员之间私人关系越好，销售人员越会降低其对灰色营销的不道德性判断，认为灰色营销是道德的，因此，假设 H1b 得到支持。私人关系对销售人员灰色营销行为倾向的路径标准化系数为 0.011，t 值为 0.228($p>0.050$)，表明销售人员和采购人员之间的私人关系与销售人员参与灰色营销行为倾向之间的关系是不显著的，私人关系的好坏并不会影响销售人员参与灰色营销行为的倾向，因此，假设 H2 没有得到支持。

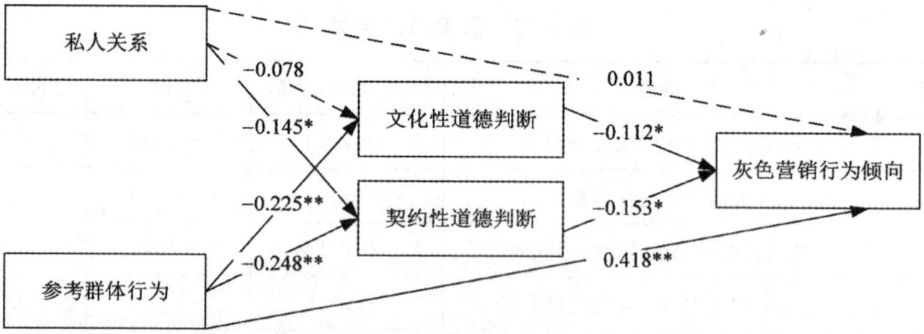

图 5-1　概念模型中各变量间的标准化路径关系

注：* 表示 $p<0.050$，* * 表示 $p<0.010$，均为双尾检验。

第二，参考群体行为对销售人员灰色营销行为决策的影响。从表 5-13 可以看出，参考群体行为和文化性道德判断的标准化系数为-0.225，t 值为-4.436（$p<0.010$），表明销售人员感知的参考群体的行为与其对灰色营销的文化性道德判断之间有显著的负相关关系，即销售人员越是认为参考群体会参与到灰色营销行为中，销售人员就越会降低其对灰色营销的不道德性判断，认为灰色营销是道德的，因此，假设 H3a 得到支持。参考群体行为和契约性道德判断的标准化系数为-0.248，t 值为-4.650（$p<0.010$），表明销售人员感知的参考群体的行为与其对灰色营销的契约性道德判断之间是显著的负相关关系，即销售人员越是认为参考群体会参与到灰色营销行为中，销售人员就越会认为灰色营销是道德的，因此，假设 H3b 得到支持。参考群体行为对销售人员灰色营销行为倾向的路径标准化系数为 0.418，t 值为 8.516（$p<0.010$），表明销售人员感知的参考群体的行为与销售人员对灰色营销行为倾向之间有显著的正相关关系，即销售人员认为参考群体参与到灰色营销行为中的程度越高，销售人员参与灰色营销行为的倾向就越高，因此，假设 H4 得到支持。

第三，销售人员的道德判断对灰色营销行为倾向的影响。从表 5-13 可以看出，文化性道德判断对销售人员灰色营销行为倾向的路径标准化系数为-0.112，t 值为-2.054（$p<0.050$），表明销售人员对灰色营销的文化性道德判断和其灰色营销行为倾向之间有显著的负相关关系，即销售人员越是认为灰色营销行为是不道德的，就越不会倾向于参与灰色营销行为，因此，假设 H5a 得到支持。契约性道德判断对销售人员灰色营销行为倾向的路径标准化系数为-0.153，t 值为-2.262（$p<0.050$），表明销售人员对灰色营销的契约性道德判断和其灰色营销行为倾向之间有显著的负相关关系，即销售人员越是认为灰色营销行为是不道德的，其参与到灰色营销行为中的倾向性就越低，因此，假设 H5b 得到支持。

(4)模型比较。从表 5-13 可以看出，私人关系对文化性道德判断以及销售人员的灰色营销行为倾向没有直接的影响，但是会通过契约性道德判断对销售人员的灰色营销行为倾向产生间接的影响，这可能意味着销售人员和采购人员之间的私人关系对销售人员的灰色营销行为倾向的影响作用被契约性道德判断完全中介了。另外，参考群体行为既会通过销售人员对灰色营销行为的契约性道德判断和文化性道德判断对其灰色营销行为倾向产生间接影响，又会对灰色营销行为倾向有直接的影响，这表明参考群体行为对灰色营销行为倾向的影响被道德判断部分中介了。因此，本书有必要采用竞争模型来进一步分析契约性道德判断和文化性道德判断在销售人员的灰色营销行为决策中的中介效应。具体来讲，本书是需要比较假设模型即部分中介模型和另外6个竞争模型即完全中介模型，以评估道德判断的中介效应。模型1中仅剔除私人关系对灰色营销行为倾向的直接影响；模型2中剔除私人关系对文化性道德判断和私人关系对灰色营销行为倾向的影响；模型3中仅剔除参考群体行为对灰色营销行为倾向的直接影响；模型4中剔除参考群体行为对文化性道德判断和对灰色营销行为倾向的影响；模型5中剔除参考群体行为对契约性道德判断和对灰色营销行为倾向的影响；模型6中剔除私人关系对销售人员的灰色营销行为倾向的直接影响，以及参考群体行为对销售人员的灰色营销行为倾向的直接影响。

模型的比较主要有5个标准[258,289,290]：①整体拟合优度。使用的是拟合指数，即评价模型和数据是否拟合时使用的检验标准，具体的指标及解释与5.8.1的第一部分的内容相同。②简约性(Parsimony)指数。简约性是指模型的精简程度，简约性和适配度此消彼长。评价简约性的指数较多，本书使用比较常用的*PGFI*和*PNFI*指标来检验简约性，两者的计算分别见式(5-17)和式(5-18)，通常要求*PGFI*和*PNFI*的值不低于0.500。③检查拟合指数的变化。即由$\Delta\chi^2/\Delta df$的显著性来决定的，若$\Delta\chi^2/\Delta df$不显著，依照简约原则，应当选择完全中介模型(路径较少)；若$\Delta\chi^2/\Delta df$显著，则由于两个模型的拟合水平间有显著的差异，因而要选择拟合度较好，路径较多的部分中介模型。④显著参数的比例。即模型中显著的路径系数占总的路径系数的比例。⑤测定系数R^2。R^2反映的是数据和模型的拟合程度。其取值在0和1，系数越高，模型的解释力越强。从技术上来看，由于本书中的竞争性模型(完全中介模型)会降低自由参数的估计，提高整个模型的自由度，因而会使卡方增大，模型的适配度也会降低。但是，对自由参数估计的减少，模型却会更加符合简约性原则。综上所述，本书使用以上5个标准进行模型的比较，比较结果见表5-14。

$$PGFI=\frac{df_h}{\frac{1}{2}p(p-1)}\times GFI \tag{5-17}$$

$$PGFI=\frac{df_h}{\frac{1}{2}p(p+1)}\times GFI \tag{5-18}$$

式中　df_h——理论模型的自由度；

p——观测变量的个数。

表 5-14 竞争模型比较结果

拟合指标	概念模型	模型 1	模型 2	模型 3	模型 4	模型 5	模型 6
χ^2	85.173	85.225	87.470	150.752	168.871	185.994	151.659
df	47	48	49	48	49	49	49
χ^2/df	1.812	1.776	1.785	3.141	3.446	3.796	3.095
RMSEA	0.041	0.040	0.040	0.067	0.071	0.076	0.066
NNFI	0.982	0.983	0.983	0.953	0.946	0.938	0.954
CFI	0.989	0.989	0.989	0.971	0.966	0.961	0.971
GFI	0.974	0.974	0.974	0.956	0.951	0.948	0.956
AGFI	0.951	0.952	0.952	0.917	0.909	0.904	0.918
NFI	0.976	0.976	0.976	0.958	0.953	0.948	0.958
PNFI	0.588	0.601	0.524	0.590	0.599	0.596	0.602
PGFI	0.503	0.514	0.613	0.504	0.512	0.510	0.515
$\Delta\chi^2/\Delta df$	—	0.052	1.148	65.579	41.849	50.140	33.743
是否显著	—	否	否	是	是	是	是
参数比例	75.000%	85.714%	100.000%	71.428%	66.666%	66.666%	83.333%
R^2	0.266	0.266	0.266	0.281	0.278	0.168	0.264

从表 5-14 中的模型比较结果可以看出：竞争模型 3 至模型 6 无论是在拟合指标 χ^2/df（χ^2/df 超过了可接受的零阶指标 3）还是在 $\Delta\chi^2/\Delta df$（变化显著）的检验上都说明模型 3 至模型 6 的模型拟合度不是很好。此外，在 *RMSEA*、*NNFI*、*CFI*、*GFI*、*AGFI* 和 *NFI* 等指标上都略逊于概念模型与竞争模型 1 和模型 2，因此，本书可以不考虑竞争模型 3 至模型 6。同时这进一步说明了，参考群体性行为确实对灰色营销行为倾向不仅有间接的影响，而且有直接的影响。

进一步对比概念模型与竞争模型 1 和模型 2。从整体的拟合优度上来看，本书的概念模型的拟合指标 χ^2/df 值为 1.812，略差于模型 1 的 1.776 和模型 2 的 1.785，从这一指标来看，模型 2 的拟合度最好。概念模型的近似误差方根 *RMSEA* 值为 0.041，略高于模型 1 和模型 2 的 0.040，在 *NNFI*、*CFI*、*GFI*、*AGFI* 和 *NFI* 等指标上，概念模型与模型 1 和模型 2 几乎没有差别。从简约性指标来看，概念模型的 *PNFI* 和 *PGFI* 分别为 0.588 和 0.503，前者优于模型 2 的 0.524，劣于模型 1 的 0.601，后者劣于模型 1 和模型 2 的 0.514 和 0.613。在参数比例上也略逊于模型 1 和模型 2，但是在测定系数 R^2 上三个模型没有差别，都是 0.266。

总体来讲，概念模型和竞争模型之间的差别不大，模型的比较在某种程度上支持了本书提出的概念模型，但是若以拟合很好且不能丧失简约性为原则，应接受模型 2 为最优的模型，这也表明了契约性道德判断完全中介了私人关系对销售人员灰色营销行为倾向的影响作用。

5.8.3 调节作用分析

(1)调节回归分析。如前所述，调节变量的分析方法中最常用也最简便和有效的有两种，即方差分析和回归分析。但是有一些学者认为与方差分析相比，用回归分析来验证调节作用的效果更好[268]。另外，由于本书的调节变量中有一个是连续变量(行为合理化)，使用方差分析检验调节作用时会损失一部分信息，因此，用调节分析的方法更为有效合理。综上所述，本书使用 SPSS18.0 统计软件来检验概念模型中的调节作用。

分析时机和行为合理化对销售人员的灰色营销决策的调节作用时，本书以灰色营销行为倾向(GT)为因变量，以关系(GX)和参考群体行为(RG)为前因变量，以文化性道德评价(PUCUL)、契约性道德评价(PUCON)为中介变量，以时机(BA)和行为合理化(BJ)为调节变量，对 480 个观察值进行数据分析。此外，分析时还控制了销售人员的个人因素和卖方企业的组织因素，包括年龄(1=25 岁以下；2=25～35 岁；3=36～45 岁；4=45 岁以上)、性别(男=1；女=2)、薪资比(1=10%以下；2=10%～29%；3=30%～49%；4=50%～80%；5=80%以上)、行业类型(1=服务业；0=制造业)、企业性质(1=私营企业；0=其他性质)、企业规模(1=100 人以下；2=100～499 人；3=500～999 人；4= 1 000 人以上)等。本书对数据进行多元层次回归分析，分析的结果见表 5-15。

表 5-15 多元层次回归模型及其分析结果：标准系数

因变量 / 自变量	文化性道德判断		契约性道德判断		灰色营销行为倾向	
	模型 1	模型 2	模型 3	模型 4	模型 5	模型 6
私人关系(GX)	−0.042	−0.011	−0.109**	−0.023	0.047	0.024

续表

自变量＼因变量	文化性道德判断		契约性道德判断		灰色营销行为倾向	
	模型 1	模型 2	模型 3	模型 4	模型 5	模型 6
参考群体行为(RG)	−0.117**	−0.079	−0.135**	−0.240**	0.329**	0.388**
文化性道德判断(PUCUL)			0.177**	0.176**	−0.099**	0.007
契约性道德判断(PUCON)	0.176**	0.178**			−0.075*	−0.140**
时机(BA)	0.000	0.000	−0.071	−0.071*	0.131**	0.130**
行为合理化(BJ)	−0.184**	−0.187**	−0.113**	−0.097*	0.274**	0.281**
GX×BA		−0.047		−0.119*		0.044
RG×BA		−0.059		0.155**		−0.107*
PUCUL×BA						−0.127**
PUCON×BA						0.104*
PUCUL×BJ						−0.126**
PUCON×BJ						0.072*
性别	−0.044	−0.043	−0.044	−0.052	0.005	0.010
年龄	−0.064	−0.060	0.002	−0.008	−0.123**	−0.101**
教育程度	−0.032	−0.033	−0.058	−0.055	−0.001	−0.005
薪资比	−0.037	−0.034	−0.052	−0.057	−0.011	0.004
企业规模	−0.011	−0.010	0.022	0.028	−0.047	−0.032
企业性质	0.046	0.047	−0.028	−0.024	0.044	0.052
行业性质	−0.073	−0.072	−0.014	−0.022	0.001	0.017
F 值	5.840**	5.123**	5.559**	5.704**	18.671**	14.351**
F 变化值	—	0.846	—	5.876**	—	3.624**
AdR^2	0.130	0.134	0.125	0.147	0.342	0.372

注：** 表示 $p<0.010$，* 表示 $p<0.050$；各自变量的 *VIF* 值均小于 10，说明多重共线性不严重。

(2)回归分析中的假设检验结果。从表 5-15 中的标准化回归系数和显著性可以看出，调节变量的 10 个假设中有 7 个假设得到支持，3 个假设没有得到支持。

第一，时机对销售人员灰色营销行为决策的调节作用。模型 1 和模型 2 检验了时机对私人关系和销售人员文化性道德判断之间关系以及参考群体行为和销售人员文化性道德判断之间的调节作用。与模型 1 相比，模型 2 在加入交叉项 GX×BA 和 RG×BA 之后，其拟合优度指标 R^2 为 0.134，没有得到显著的提高(F 的变化不显著，$p>0.050$)，并且 GX×BA 和 RG×BA 的标准化回归系数也不显著($p>0.050$)，表明给好处费的时机对私人关系和销售人员的文化性道德判断之间以及参考群体行为和销售人员的文化性道德判断之间的关系没有调节作用，因此，H6a 和 H8a 没有得到支持。

模型 3 和模型 4 检验了时机对私人关系和销售人员契约性道德判断之间以及参考群体行为和销售人员契约性道德判断之间关系的调节作用。与模型 3 相比，模型 4 在加入交叉项 GX×BA 和 RG×BA 之后，其拟合优度指标 R^2 为 0.147 得到了显著的提高(F 的变化显著，$p<0.010$)，GX×BA 的回归系数显著为负($p<0.050$)，表明给好处费的时机会强化私人关系对销售人员契约性道德判断的影响作用，即在事后给好处费的情境下，私人关系和契约性道德判断之间的关系较强，而在事前给好处费的情境下，私人关系和契约性道德判断之间的关系较弱。因此，分析结果支持 H6b。此外，RG×BA 的回归系数显著为正($p<0.010$)，表明给好处费的时机会弱化参考群体行为对销售人员契约性道德判断的影响作用，即在事后给好处费的情境下，参考群体行为和销售人员契约性道德判断之间的关系较弱，而在事前给好处费的情境下，参考群体行为和销售人员契约性道德判断之间的关系较强，因此，H8b 得到了分析结果的支持。

模型 5 和模型 6 检验了时机对私人关系和销售人员灰色营销行为倾向之间、参考群体行为和销售人员灰色营销行为倾向之间以及销售人员道德判断和其灰色营销行为倾向之间关系的调节作用。与模型 5 相比，模型 6 在加入交叉项之后，其拟合优度指标 R^2 为 0.372 得到了显著的提高(F 的变化显著，$p<0.010$)，GX×BA 的回归系数不显著($p>0.050$)，表明时机对私人关系和销售人员灰色营销行为倾向之间的关系没有调节作用，因此，H7 没有得到支持；RG×BA 的回归系数显著为负($p<0.050$)，表明时机会对参考群体行为和销售人员灰色营销行为倾向之间的关系产生弱化作用，即在事后给好处的情境下，参考群体行为对销售人员灰色营销行为倾向的影响较弱，而在事前给好处的情境下，参考群体行为对销售人员灰色营销行为倾向的影响较强，因此 H9 得到支持。PUCUL×BA 的回归

系数显著为负（$p<0.010$），表明时机会强化文化性道德判断和灰色营销行为倾向之间的关系，即在事后的情境下，文化性道德判断对销售人员灰色营销行为的影响较强，而在事前的情境下，文化性道德判断对销售人员灰色营销行为的影响较弱；PUCON×BA 的回归系数显著为正（$p<0.050$），表明时机会弱化契约性道德判断和灰色营销行为倾向之间的关系，即在事后的情境下，契约性道德判断对销售人员灰色营销行为的影响作用较弱，而在事前的情境下，契约性道德判断对销售人员灰色营销行为的影响作用较强。因此，分析结果支持 H10a 和 H10b。

第二，行为合理化对销售人员灰色营销行为决策的调节作用。模型 5 和模型 6 检验了行为合理化对销售人员的道德判断和其灰色营销行为倾向之间关系的调节作用。如前所述，模型 6 在加入交叉项之后，其拟合优度指标 R^2 为 0.372，与模型 5 相比得到了显著的提高（F 的变化是显著的，$p<0.010$）。其中，PUCUL×BJ 的回归系数显著为负（$p<0.010$），表明行为合理化会强化文化性道德判断和灰色营销行为倾向之间的关系，即当行为合理化程度较高时，文化性道德判断和灰色营销行为倾向之间的关系较强；当行为合理化程度较低时，文化性道德判断和灰色营销行为倾向之间的关系较弱，因此，分析结果支持 H11a；PUCON×BJ 的回归系数显著为正（$p<0.050$），表明行为合理化会弱化契约性道德判断和灰色营销行为倾向之间的关系，即当行为合理化程度较高时，契约性道德判断和灰色营销行为倾向之间的关系较弱；当行为合理化程度较低时，契约性道德判断和灰色营销行为倾向之间的关系较强，因此，分析结果支持 H11b。

第三，其他变量的影响作用结果。回归分析中也检验了私人关系和参考群体行为在销售人员的灰色营销决策中的影响作用。从模型 1、模型 3 和模型 5 中 F 值均显著不为 0（$p<0.050$），GX 和 RG 的标准化回归系数的显著性检验结果可以看出，回归分析的结果和结构方程模型分析的结果是一致的，即只有私人关系对文化性道德判断以及私人关系对灰色营销行为倾向的影响是不显著的（$p>0.050$），H1a 和 H2 没有得到支持，而其他的 6 个假设 H1b、H3a、H3b、H4、H5a 和 H5b 都得到了支持（$p<0.050$）。此外，虽 BA 和 BJ 对灰色营销行为决策的直接影响不是本书关注的重点，但是从模型 1、模型 3 和模型 5 中 BA 和 BJ 的标准化回归系数可以看出，时机对销售人员的道德判断没有显著影响（$p>0.050$），对销售人员的灰色营销行为倾向有显著的正向影响作用（$p<0.010$），即事后给好处费时，销售人员参与灰色营销行为的倾向更高；而行为合理化对销售

人员的道德判断有显著的负向影响($p<0.010$)，对销售人员的灰色营销行为倾向有显著的正向影响($p<0.010$)，即行为合理化程度越高时，销售人员越是认为灰色营销行为是道德的，其参与到灰色营销行为中的倾向就越高。

第四，回归模型1至模型6中，控制变量的影响都不显著，除了年龄对灰色营销行为倾向有显著的负向影响，即年龄越大的销售人员越不倾向于参与到灰色营销行为中。

5.9 本章小结

本章首先对收集到的有效数据进行了初步的分析和处理，检验了相关变量的信度和效度；其次，使用结构方程模型的方法对概念模型中主体部分的研究假设进行了检验，并进行了模型比较，本书的模型和竞争性模型相比差异不大，是可以保留的；最后，使用回归分析检验了调节变量在概念模型中的调节作用。本书的18个假设中，有13个得到支持，5个假设没有得到支持，详见表5-16。

表5-16 假设检验情况汇总

假设	假设的内容	检验结果
H1a	当其他因素相同时，销售人员和采购人员之间的私人关系越好，在进行文化性道德判断时，销售人员就越是认为灰色营销行为是道德的	不支持
H1b	当其他因素相同时，销售人员和采购人员之间的私人关系越好，在进行契约性道德判断时，销售人员就越是认为灰色营销行为是道德的	支持
H2	当其他因素相同时，销售人员和采购人员之间的私人关系越好，销售人员的灰色营销行为倾向越高	不支持
H3a	当其他因素相同时，销售人员认为其同事和领导以及同行参与灰色营销的行为倾向越高，在进行文化性道德判断时，销售人员越是认为灰色营销行为是道德的	支持
H3b	当其他因素相同时，销售人员认为其同事和领导以及同行参与灰色营销的行为倾向越高，在进行契约性道德判断时，销售人员越是认为灰色营销行为是道德的	支持
H4	当其他因素相同时，销售人员认为其同事和领导以及同行参与灰色营销行为的倾向越高，其灰色营销行为倾向就越高	支持

续表

假设	假设的内容	检验结果
H5a	当其他因素相同时，销售人员越是从文化性道德判断得出灰色营销行为是不道德的，他们的灰色营销行为倾向越低	支持
H5b	当其他因素相同时，销售人员越是从契约性道德判断得出灰色营销行为是不道德的，他们的灰色营销行为倾向越低	支持
H6a	当其他因素相同时，在销售人员事前给好处时，关系与文化性道德判断之间的正相关关系被弱化；在销售人员事后给好处时，关系与文化性道德判断之间的正相关关系被强化	不支持
H6b	当其他因素相同时，在销售人员事前给好处时，关系和契约性道德判断之间的正相关关系被弱化；在销售人员事后给好处时，关系和契约性道德判断之间的正相关关系被强化	支持
H7	当其他因素相同时，在销售人员事前给好处时，关系和灰色营销行为倾向之间的正相关关系被弱化；在销售人员事后给好处时，关系和灰色营销行为倾向之间的正相关关系被强化	不支持
H8a	当其他因素相同时，在销售人员事前给好处时，参考群体行为和文化性道德判断之间的正相关关系被强化；在销售人员事后给好处时，参考群体和文化性道德判断之间的正相关关系被弱化	不支持
H8b	当其他因素相同时，在销售人员事前给好处时，参考群体行为和契约性道德判断之间的正相关关系被强化；在销售人员事后给好处时，参考群体和契约性道德判断之间的正相关关系被弱化	支持
H9	当其他因素相同时，在销售人员事前给好处时，参考群体行为和灰色营销行为倾向之间的正相关关系被强化；在销售人员事后给好处时，参考群体行为和灰色营销行为倾向之间的正相关关系被弱化	支持
H10a	当其他因素相同时，在销售人员事前给好处时，文化性道德判断和销售人员灰色营销行为倾向之间的负相关关系被弱化；在销售人员事后给好处时，文化性道德判断和销售人员灰色营销行为倾向之间的负相关关系被强化	支持
H10b	当其他因素相同时，在销售人员事前给好处时，契约性道德判断和销售人员灰色营销行为倾向之间的负相关关系被强化；在销售人员事后给好处时，契约性道德判断和销售人员灰色营销行为倾向之间的负相关关系被弱化	支持

续表

假设	假设的内容	检验结果
H11a	当其他因素相同时，在销售人员对灰色营销行为的合理化程度低时，销售人员对灰色营销行为的文化性道德判断和他的灰色营销行为倾向之间的正相关关系被弱化；在销售人员对灰色营销行为的合理化程度较高时，销售人员对灰色营销行为的文化性道德判断和他的灰色营销行为倾向之间的正相关关系被强化	支持
H11b	当其他因素相同时，在销售人员对灰色营销行为的合理化程度低时，销售人员对灰色营销行为的契约性道德判断和他的灰色营销行为倾向之间的正相关关系被强化；在销售人员对灰色营销行为的合理化程度较高时，销售人员对灰色营销行为的契约性道德判断和他的灰色营销行为倾向之间的正相关关系被弱化	支持

6 结果讨论

6.1 假设结果的讨论

6.1.1 私人关系对灰色营销行为决策的影响

假设 H1a、H1b、H2、H6a、H6b 和 H7 分别表述了私人关系对于销售人员的文化性道德判断、契约性道德判断和销售人员的灰色营销行为倾向的影响，以及时机对于私人关系与道德判断之间和私人关系与灰色营销行为倾向之间关系的调节作用。其中，假设 H1b 和 H6b 得到支持，而假设 H1a、H2、H6a 和 H7 都没有得到支持。实证分析结果表明，私人关系对销售人员的契约性道德判断有直接的影响，也会受到时机的调节作用；对文化性道德判断没有直接的影响，不会受到时机的调节作用；对灰色营销行为倾向没有直接的影响，也不会受到时机的调节作用，但是私人关系会通过契约性道德判断对灰色营销行为倾向产生间接的影响。

此前学者们对于关系在商业道德中影响研究的结论存在分歧：一些研究表明关系对道德判断和道德性行为有正面的[212,213]或负面的影响[50,55]，而另一些研究认为没有影响[53]。通过分析，本书认为这一分歧的原因可能在于：第一，之前的文献在检验关系的影响作用时，使用了不同的关系构念(Constuct)或是将几个概念混合作为关系构念如关系状态[291]、关系类型[10]、关系规范[50]、关系导向[251]等，而不同的构念在商业道德决策中的作用可能是不同的。第二，运用了不同的道德判断标准，如一般性的道德准则[291]，西方哲学基础之上的道德价值观[53]、中国儒家道德文化[52]等。有学者指出，在非西方的背景中使用西方的道德框架或标准可能会存在问题，因为在不同的文化背景下，对行为在道德上的可接受程度是不同的[54]。第三，情境因素的不同。有学者认为，集体主义文化通常更具有相对主义的特点，即没有道德的绝对性，行为的道德与否常常取决于情境因素[50]，如在同一关系圈内，与得益的情境相比，管理者对受损情境的道德评价更为严苛[291]。一体化社会契约理论也强调了情境在道德决策中的重要作用[47]。因此，不同的情境因素下，关系对商业道德决策产生的影响可能是不同的[50,250]。

本书关注了关系状态这一构念，并使用了文化性和契约性两维的道德判断，考虑了时机这一情境因素的作用，因此，本书的结果在某种程度上可以解释并证实之前有关私人关系影响作用存在矛盾结论的原因，虽然这些不一致的结论可能和运用的关系构念的不同有关(本书仅考虑了关系状态这一个关系构念)，但是研究结论指出，关系状态即私人关系是否对道德判断和行为产生影响作用，一方面取决于道德评判的基准是什么，是特定的标准还是一般性的评判标准，是微观的契约还是宏观的契约；另一方面取决于所在的特定的情境。

私人关系对销售人员灰色营销行为决策的直接影响中，对于 H1a、H2 这两个假设被拒绝，可能是因为：一方面，越是宏观的规范就越稳定，且越不易受到外界的影响而产生变化[61]，文化性道德规范就属于这一种；另一方面，销售人员在进行文化性道德判断时，可能更多地作为一个“社会人”在进行决策，受到中国传统关系文化的影响，能看清楚灰色营销是一种功利性的商业行为，具有一定的目的性，因而会觉得抵触，也不愿意参与其中。因此，私人关系的好坏并不会影响销售人员对于灰色营销行为的文化性道德判断和其灰色营销行为。在今后的研究中可以进一步考虑关系的其他构念，如关系规范、关系导向等对于灰色营销道德决策的影响作用，进一步了解关系对于灰色营销道德决策的影响机制。

6.1.2 参考群体行为对灰色营销行为决策的影响

假设 H3a、H3b、H4、H8a、H8b 和 H9 表述了参考群体行为对于销售人员文化性道德判断、契约性道德判断和灰色营销行为倾向的影响以及时机对于参考群体行为、道德判断和灰色营销行为倾向之间关系的调节作用。其中，假设 H3a、H3b、H4、H8b 和 H9 得到了支持，而假设 H8a 没有得到支持。实证分析结果表明，参考群体行为对销售人员的文化性道德判断有直接的影响作用，但是不会受到时机的调节作用；对销售人员的契约性道德判断有直接的影响作用，并且会受到时机的调节作用；对销售人员的灰色营销行为倾向有直接的影响作用，也会受到时机的调节作用。

此前学者们对于参考群体行为的研究更多地关注了组织内参考群体行为的影响，他们将组织内参考群体的行为看作企业道德氛围的一个重要组成部分，认为参考群体的行为，特别是同事和领导或上司的行为，会对销售人员的道德决策产生重要的影响[5,38]。虽然也有个别不一致的，如 Razzaque 和 Hwee(2002)认为同事对决策者的道德决策没有影响[142]；Murphy 等人(1992)认为上司或高层管理的行为对决策者的营销道德决策没有影响[181]，但是大部分的实证结果表明，同事和领导或上司的行为会影响决策者的道德判断和道德行为倾向[172,177~179]。此外，对于组织外参考群体行为的相关研究仅两篇，分别关注了买方[43]和父母[182]对决策者营销道德决策的影响作用，其中，父母的影响不显著，而买方行为会显著影响决策者的营销道德决策。本书的结果和之前的研究结果基本上是相一致的，组织内参考群体行为即领导和同事及组织外参考群体行为即同行(包含竞争者)对销售人员的灰色营销行为决策有显著的影响，并且本书的研究还得出了之前没有检验过的结论，即参考群体行为对销售人员灰色营销行为决策的影响作用的强弱会受到情境因素即时机的调节，这与营销道德决策理论以及一体化契约理论是一致的，即道德决策过程会依赖于情境。

从参考群体行为对销售人员的两种道德判断以及灰色营销行为倾向的影响作用可以发现，参考群体确实对销售人员的道德决策产生了潜移默化的影响，销售人员透过对参考群体及其行为来了解群体的规范和期望，这个群体可以是企业、行业甚至整个社会，销售人员一方面会受到规范的约束，另一方面会影响这些规范。这与一体化社会契约的观点[47]是一致的，即一群自我定义、自我约束的人，在相互的作用和影响下分享任务、价值观或目标的共同体，可以为自己的道德行为制定规范，这代表了局部共同体成员对于特定的微观社会契约的认同，此外，这些共同体成员还会遵循并影响宏观社会契约即文化性道德判断。

6.1.3 道德判断对灰色营销行为倾向的影响

假设 H5a、H5b、H10a、H10b、H11a 和 H11b 分别表述了销售人员的文化性道德判断和契约性道德判断对其灰色营销行为倾向的影响、时机对于销售人员的道德判断和其灰色营销行为倾向之间关系的调节作用以及行为合理化对于销售人员的道德判断及其灰色营销行为倾向之间关系的调节作用，这 6 个假设都得到了支持。实证分析结果表明，销售人员的文化性道德判断对其灰色营销行为倾向有直接的影响作用，且会受到时机和行为合理化的调节作用；销售人员的契约性道德判断对其灰色营销行为倾向有直接的影响作用，也会受到时机和行为合理化的调节作用。

营销道德决策模型以及相关的理论如计划行为理论都认为对行为的道德性的

判断会影响决策者参与这一行为的倾向。在此之前，学者们对于道德判断和营销道德行为倾向之间的关系研究有很多，虽然有学者认为两者之间的关系不显著[292]，但是大部分的研究结果都支持道德判断和道德倾向之间的相关关系，即越是认为某一行为有道德问题，就越不会参与其中[38,43,110]，这与本书的研究结论是一致的。此外，道德判断是个多维的概念，越来越多的学者关注了道德判断的几个维度，运用最多的有两种："道义论"和"目的论"[123]，以及"一般性道德判断""文化性道德判断"和"契约性道德判断"[248]。这两种划分方式并不冲突，后一种包含了前两个维度，但是后一种划分还引入了社会契约的观点，强调了特定规范在解决道德问题时的重要性[293]。自 Reidenbach 和 Robin(1990)开发了相关量表以来，越来越多的学者使用这一量表来衡量决策者的道德判断，并检验了道德判断的影响作用，并且基本上得到了一致的结论，认为契约性道德判断对于决策者的道德决策有很重要的影响[185]，本书的研究也支持了这一点。最后，一体化契约认为，处于多重共同体中的决策者，不同共同体的规范都会在特定的情境中对决策者的决策起到一定作用[61]。其他的学者也认为，当面临道德决策时，个人并不会依赖于统一的道德框架而是会根据不同的情况而使用不同的框架[50]。本书检验了时机和行为合理化对于道德判断和道德行为倾向之间关系的调节影响，结果表明，在进行道德决策时销售人员确实会在不同的情境和个人情况下以不同的道德判断即文化的或契约的道德判断作为其行为的依据。

从销售人员的文化性和契约性道德判断对其灰色营销行为倾向的影响可以发现，对灰色营销不道德性的判断会降低销售人员参与灰色营销行为的倾向。销售人员作为多重共同体中的成员，即"从业者"和"社会人"，其行为也会同时受到两种社会契约的约束，但是两种社会契约约束的强弱会依赖于情境和个人情况的不同而不同，即在不同的情况下，销售人员会选择不同的社会契约来指导自己的行为。

6.1.4 时机对灰色营销行为决策的调节作用

假设 H6a、H6b、H7、H8a、H8b、H9、H10a 和 H10b 分别表述了时机对于私人关系和道德判断以及灰色营销行为倾向之间关系的调节作用；时机对于参考群体行为和道德判断以及灰色营销行为倾向之间关系的调节作用；时机对于道德判断和灰色营销行为倾向之间关系的调节作用。其中，假设 H6b、H8b、H9、H10a 和 H10b 得到了支持，而假设 H6a、H7 和 H8a 没有得到支持。实证分析结果表明，时机对私人关系、文化性道德判断以及销售人员灰色营销行为倾向之间的关系没有调节作用，对私人关系和契约性道德判断之间有调节作用；时机对参考群体行为、文化性道德判断之间的关系没有调节作用，对于参考群体行为和契约性道德判断以及灰色营销行为倾向之间的关系有调节作用；时机对于道德判断和灰色营销行为倾向之间的关系有调节作用。

(1)时机对于私人关系和灰色营销行为决策之间关系的调节作用。假设 H6a 和 H7 的检验结果和本书原本的假设不一致。其主要的原因可能是：如前所述，文化性规范属于较为宏观的规范，不易受到其他因素的影响[61]，因而，私人关系对文化性道德判断没有产生影响。另外，在本书的研究中私人关系对灰色营销行为倾向的影响作用被契约性道德判断完全中介了，即私人关系对灰色营销行为倾向是没有直接影响的，因此，关系对文化性道德判断以及销售人员灰色营销行为倾向的影响作用就不会受到时机的调节影响。这一结果表明，私人关系对灰色营销行为倾向的影响作用可能取决于销售人员所启用的道德评判框架。

根据 H6b 的结果，时机确实会对私人关系和销售人员契约性道德判断之间的关系产生调节作用，这与本书的假设是一致的。这一结果支持了一体化社会契约理论的观点，即情境因素会影响道德行为的决策[47]，并且检验了和证明了 Trevino[45] 的个人和情境交互的营销道德模型中所强调的个人因素和情境因素的交互作用会影响营销道德行为决策。为了进一步审视时机的调节作用，本书以平均值为标准，将私人关系一分为二，1 表示关系一般，2 表示关系好，并将销售人员的契约性道德判断作为因变量，对数据进行多变异分析。分析结果如图 6-1 所示。

从图 6-1 可以看出，在事后给好处的情境下，私人关系和销售人员的契约性道德判断有着较强的相关关系，这体现于那条与事后相对应的比较陡的直线，即此时私人关系的好坏会对销售人员的契约性道德判断产生很大的影响，私人关系越好，就越认为销售人员的灰色营销行为是道德的。而在事前给好处的情境下，虽然私人关系和销售人员对灰色营销的契约性道德判断之间相关关系仍然存在，但是明显减弱了，这体现在那条与事前相对应的较平坦的虚线，即此时无论私人关系好坏，销售人员可能大多会做出灰色营销行为有道德问题的判断。分析结果说明了私人关系确实在某种程度上会对销售人员灰色营销行为判断产生困扰，让其做出更为宽容的判断。

综上所述，销售人员仅从“社会人”的角度看待灰色营销行为时，无论自己和对方的关系如何，送礼的时机是事前还是事后，都不能否认灰色营销行为作为一种带有功利性目的商业行为是与中国的文化传统相背离的，是有道德问题的，也不愿参与其中，然而，当销售人员以从业者的角度来进行决策时，私人关系的好坏却成了其接受灰色营销行为与否的原因，特别是这一行为是在事后进行的时候，此时，销售人员一方面认为，相对于事前，这一行为的情感性成分更多，而和采购人员的关系越好这种情感性成分就越大，这一行为就越是出于对朋友的报答，符合关系中的“互惠”原则；另一方面，这一行为使得企业和个人的目标都已得到实现，因而对这一行为就更为宽容，越认为其道德问题不大。而与采购人员关系一般的销售人员明白自己的行为无论是事前还是事后都仅仅为了交换利益，是有道德问题的。由此可以看出，时机似乎为与采购人员私人关系好的销售人员提供了一个机会，即有意无意忽略或混淆中国文化传统中的关系行为和灰色营销行为的机会，或是掩盖以及平衡功利性目的的机会，无论出于“真情感”还是对企业与个人的责任和利益，销售人员在此时降低了其道德判断水平，更多地以一个从业者的角度放宽了对自己行为的约束。

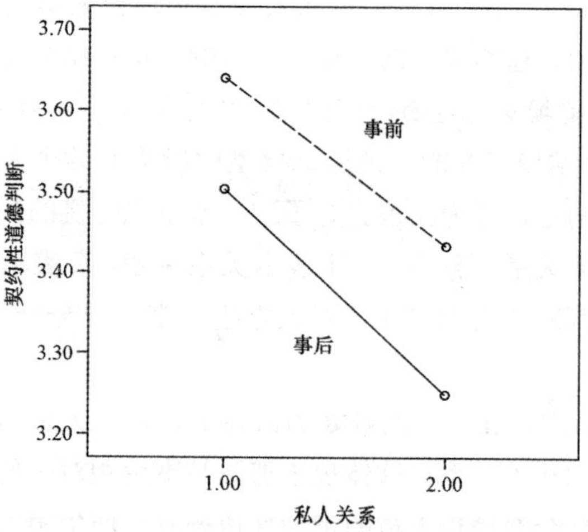

图 6-1　时机对私人关系和灰色营销决策之间关系的调节作用

(2)时机对于参考群体行为和灰色营销行为决策之间关系的调节作用。假设H8a的检验结果和本书原本的假设不一致。其主要的原因可能是：如前所述，销售人员作为“社会人”受中国传统文化的影响，无论送礼的时机是事前还是事后，都不能否认灰色营销行为是带有功利性目的的商业行为，不符合中国的文化传统，是有道德问题的，因而，时机的变化并不能诱发销售人员决策时的情景中环境的变化，因此能改变销售人员道德判断的唯一原因就是群体的规范，即参考群体行为传递给销售人员的关于群体对于某一行为道德与不道德性的看法和期望。

虽然文化性契约属于较为宏观的规范，相对稳定且不易受到个人等因素的影响，但是微观社会契约会在一定程度上对宏观社会契约产生影响，而销售人员通过学习参考群体行为可以了解群体的规范即微观的社会契约进而对其文化性道德判断产生影响。这与一体化契约理论是一致的。

根据 H8b、H9 的结果，时机确实会调节参考群体行为、销售人员契约性道德判断以及销售人员灰色营销行为之间的关系，这与本书的假设是一致的。为了进一步观察时机的调节作用，本书用平均值作为标准，将参考群体行为一分为二，1 表示行为倾向低，2 表示行为倾向高。然后，分别将销售人员对灰色营销的契约性道德判断以及其灰色营销行为倾向作为因变量，对数据进行多变异分析。分析结果如图 6-2 所示。

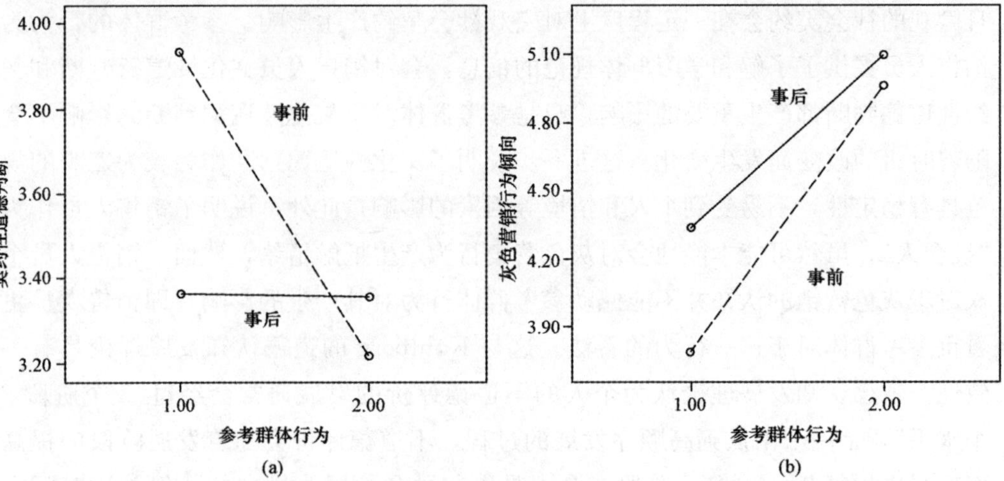

图 6-2 时机对参考群体行为和灰色营销决策之间关系的调节作用

由图 6-2(a)可以看出，在事前给好处的情境下，参考群体行为和契约性道德判断之间有着较强的相关关系，这体现于那条与事前相对应的比较陡的虚线，即此时参考群体行为会对销售人员的契约性道德判断产生很大的影响，参考群体参与灰色营销行为的倾向越高，销售人员就越认为灰色营销行为是道德的。而在事后给好处的情境下，虽然参考群体行为和灰色营销的契约性道德判断之间仍然有相关关系，但是明显减弱了，这体现于那条与事后相对应的较平坦的直线，即此时无论参考群体是否参与灰色营销，销售人员可能大多会做出灰色营销行为的道德问题不大的判断。这是因为企业作为从业者，参与灰色营销行为会为企业和个人带来利益，完成企业的目标，而且这一行为体现了中国传统关系文化中的“人情法则”，因而这一行为是可以接受的。

从图 6-2(b)可以看出，在事前给好处的情境下，参考群体行为和销售人员灰色营销行为倾向之间有着较强的相关关系，这体现于那条与事前相对应的比较陡的虚线，即此时参考群体行为会对销售人员的灰色营销行为倾向产生很大的影响，参考群体行为参与灰色营销行为的倾向越高，销售人员参与灰色营销行为的倾向就越高。而在事后给好处的情境下，虽然参考群体行为和灰色营销行为倾向之间仍然有相关关系，但是明显减弱了，这体现于那条与事后相对应的较平坦的直线，即此时无论参考群体是否参与灰色营销，销售人员参与灰色营销行为的倾向可能都会较高。

综上所述，销售人员处于两个共同体中，会同时受到两种社会契约的约束，且微观的社会契约会在一定程度上对宏观社会契约产生影响。参考群体的行为为销售人员提供了了解和学习群体规范的信息，会对销售人员文化性道德判断和契约性道德判断都产生重要的影响，只是参考群体对于文化性道德判断的影响不会随着时机的改变而发生变化。这进一步说明了文化性道德判断作为较为宏观的规范具有稳定性，不易受到个人和情境等因素的影响；此外，说明了销售人员作为“社会人”，虽然可能本能地会对灰色营销行为产生抵触情绪，然而，销售人员个人对于灰色营销的认知并不能撼动参考群体行为对其产生的影响，即销售人员更看重参考群体对于这一行为的看法。这与 Kohlberg 的道德认知发展理论具有一致性。道德认知发展理论认为个人的不道德评价的发展通常会经过“3 个阶段 6 个水平”，是一个由低到高顺序发展的过程，不道德评价会随着发展阶段的提高而变得更加复杂[77]。第一阶段，个人是以奖励和惩罚为导向的，仅关注实际产生的结果[77]；第二阶段，个人关注社会或其他成员对于道德行为的期望[77]；第三阶段，个人关注由普遍的价值观或原则所决定的道德行为[77]。大部分的个人都处于道德认知发展的第二阶段[40,77]，其道德的行为更容易受到参考群体行为的影响而不会像处于第三阶段的决策者那样坚持自己的看法[77]。此外，参考群体行为对于销售人员契约性道德判断以及灰色营销行为倾向都会有很重要的影响，特别是在事前参与灰色营销的时候影响更大。由此可以看出，当参考群体参与灰色营销行为的倾向很高时，无论是事前还是事后，销售人员都会依据参考群体的行为来判断灰色营销行为是道德的，也越倾向于参与其中，而当参考群体参与灰色营销行为倾向较低时，相对于事前，销售人员会认为事后的灰色营销行为更为道德，也更倾向于参与其中，因为，参与灰色营销可能为个人和企业带来利益，完成自己作为从业者的责任，最重要的是，事后的灰色营销行为与中国文化传统中的关系行为类似，这会让销售人员更容易接受灰色营销行为并且参与其中，此时，时机为销售人员提供了一个借口，让销售人员掩盖其灰色营销行为存在道德问题的借口。

(3)时机对道德判断和销售人员灰色营销行为倾向之间关系的调节作用。根据 H10a 和 H10b 的结果，时机确实会对销售人员的道德判断和其灰色营销行为倾向之间的关系产生调节作用，这与本书的假设是一致的。为了进一步审视时机的调节作用，本书以平均值为标准，将文化性道德判断和契约性道德判断一分为二，1 表示道德，2 表示不道德。然后，把销售人员的灰色营销行为倾向作为因变量，进行数据的多变异分析。分析结果如图 6-3 所示。

从图 6-3(a)和图 6-3(b)可以看出，在事后给好处的情境下，销售人员更多地依赖文化性道德判断来决定行为，这体现于图 6-3(a)中那条与事后相对应的比较陡的直线，此时，销售人员越是认为灰色营销行为从文化性道德判断来看是不道德的，就越不会参与其中；而在事前给好处的情境下，销售人员更多地依赖于契约性道德判断来决定行为，这体现于图 6-3(b)中那条与事前相对应的比较陡的虚线，此时，销售人员越是认为灰色营销行为从契约性道德判断来看是不道德的，就越不会参与其中。另外，相比事前给好处的情境，在事后给好处的情境下，无论在契约性道德判断还是在文化性道德判断中，销售人员参与灰色营销行为的倾向性都表现得较高来看，似乎销售人员的行为倾向还是在某种程度上受到中国关系文化的影响，特别是图 6-3(b)中表现得更为明显，这体现在与事后相对应的线处于坐标轴靠上的位置。

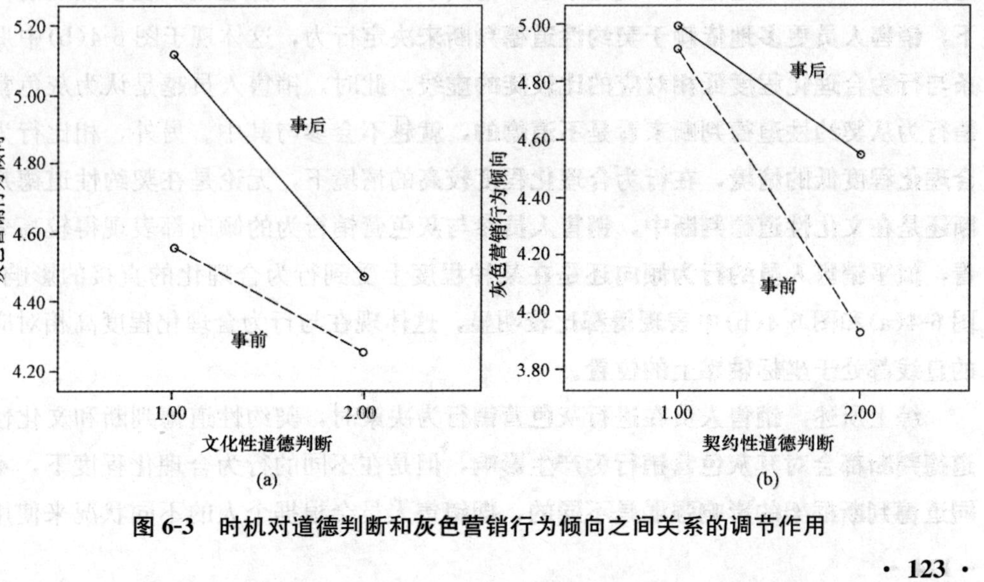

图 6-3 时机对道德判断和灰色营销行为倾向之间关系的调节作用

综上所述，销售人员在进行灰色营销行为决策时，契约性道德判断和文化性道德判断都会对其灰色营销行为产生影响，但是在不同的情境下，不同道德判断框架的影响强弱是不同的，即销售人员会使用不同的道德框架来决定自己的行为，此时，时机就成了一个启动不同道德框架的触发点。这与一体化契约理论以及 Ho 和 Redfern(2010)[50]的观点是一致的，他们认为当面临道德决策时，个人并不会依赖于统一的道德框架，会同时受到多个道德框架的影响，而且会在不同的情境下运用不同的道德框架。

6.1.5 行为合理化对灰色营销行为决策的调节作用

假设 H11a 和 H11b 分别表述了行为合理化对于文化性道德判断和灰色营销行为倾向之间关系的调节作用以及行为合理化对于契约性道德判断和灰色营销行为倾向之间关系的调节作用。假设 H11a 和 H11b 都得到了支持，实证分析结果表明，行为合理化对于道德判断和灰色营销行为倾向之间关系有调节作用。为了进一步观察行为合理化的调节作用，本书用平均值作为标准，将文化性道德判断和契约性道德判断一分为二，1 表示道德，2 表示不道德。然后，把销售人员的灰色营销行为倾向作为因变量，进行数据的多变异分析。分析结果如图 6-4 所示。

从图 6-4(a)和图 6-4(b)可见，在行为合理化程度较高的情境下，销售人员更多地依赖于文化性道德判断来决定行为，这体现于图 6-4(a)中那条与行为合理化程度高相对应的比较陡的直线，此时，销售人员越是认为灰色营销行为从文化性道德判断来看是不道德的，就越不会参与其中；而在行为合理化程度较低的情境下，销售人员更多地依赖于契约性道德判断来决定行为，这体现于图 6-4(b)中那条与行为合理化程度低相对应的比较陡的虚线，此时，销售人员越是认为灰色营销行为从契约性道德判断来看是不道德的，就越不会参与其中。另外，相比行为合理化程度低的情境，在行为合理化程度较高的情境下，无论是在契约性道德判断还是在文化性道德判断中，销售人员参与灰色营销行为的倾向都表现得较高来看，似乎销售人员的行为倾向还是在某种程度上受到行为合理化的直接的影响，图 6-4(a)和图 6-4(b)中表现得都比较明显，这体现在与行为合理化程度高相对应的直线都处于坐标轴靠上的位置。

综上所述，销售人员在进行灰色营销行为决策时，契约性道德判断和文化性道德判断都会对其灰色营销行为产生影响，但是在不同的行为合理化程度下，不同道德判断框架的影响强弱是不同的，即销售人员会根据个人的不同状况来使用

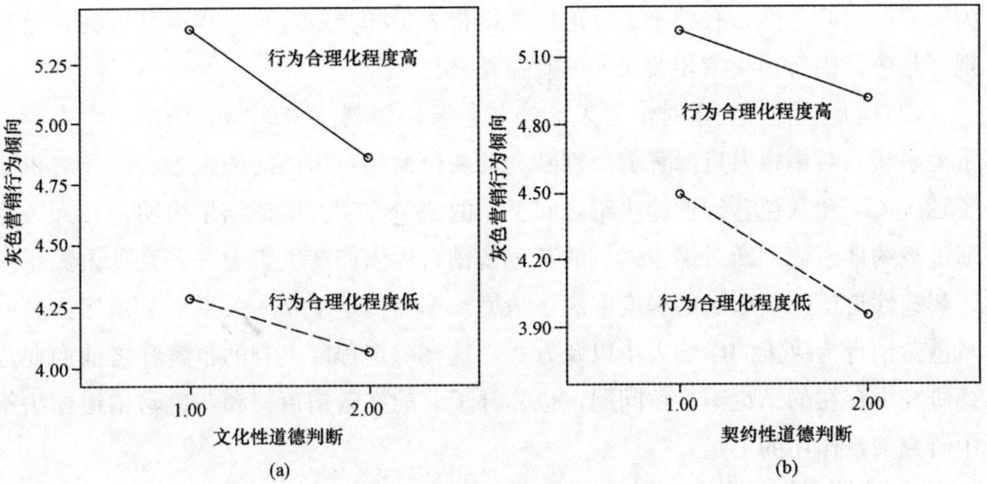

图 6-4 行为合理化的调节作用

不同的道德框架以决定自己的行为。这与 Ho 和 Redfern(2010)[50]的观点是一致的，即当面临道德决策时，个人会根据不同的情况而使用不同的框架。从以上结果可以看出，当销售人员的行为合理化程度高时，决定其行为倾向强弱的是文化性道德判断，这是因为合理是个人对行为的一个最基本的、最低的要求，当这个要求满足的时候，销售人员作为一个“社会人”受中国文化的影响，更在意自身在公众心中的形象，有强烈的维护自身道德和正面形象的意愿[150]，在一般的情况下，销售人员都不会仅局限于合理的行为，而是会尽可能地追求更为道德的或合法的行为。即在满足了合理这一最低要求时，销售人员才会进而追求更高层次的道德判断水平；而当行为合理化程度低的时候，决定销售人员灰色营销行为倾向的是契约性道德判断，这证明了契约性道德判断比起宏观的社会契约更为具体和有针对性，并且销售人员更为熟悉，也更容易被记起和使用[61]，一体化契约理论就强调了微观社会契约的这一作用。

6.2 研究结果的理论意义

(1)本书以购销关系为平台，从销售人员的视角构建了一个新的灰色营销决策的权变模型，考察了私人关系和组织因素即参考群体行为对其灰色营销决策的影响作用，以及个人因素即行为合理化和特定的情境因素即时机在销售人员的灰色营销行为决策中可能的权变作用。本书对权变作用的关注，揭示了灰色营销行为决策产生的条件，有助于更好地理解销售人员的决策过程并预测其行为，是对现有灰色营销行为决策相关研究的有益补充。

(2)检验了私人关系对销售人员的灰色营销道德决策的影响作用。本书考察了关系状态对销售人员两种道德判断和其灰色营销行为倾向的影响，以及时机对于私人关系和灰色营销道德决策之间关系的调节作用。实证结果表明，私人关系通过契约性道德判断对销售人员的灰色营销行为倾向产生影响，并且私人关系对于契约性道德判断影响的程度取决于情境。本书揭示了私人关系对于销售人员的灰色营销行为决策的影响大小以及方式。这在一定程度上有助于解释之前商业道德研究中存在的结论不一致问题，也弥补了此前在营销道德和灰色营销道德决策中研究关系作用的不足。

(3)检验了组织内和组织外参考群体行为对销售人员的灰色营销道德判断和其灰色营销行为倾向的影响作用。本书以灰色营销为背景，同时关注了组织内和组织外参考群体行为的影响作用，以及时机对于参考群体行为和灰色营销道德决策之间关系的调节作用。实证结果表明，参考群体行为不但会影响销售人员两种道德判断，而且会直接影响销售人员灰色营销行为倾向，并且参考群体行为对于销售人员的灰色营销的契约性道德判断以及销售人员的灰色营销行为倾向的影响强弱取决于情境。本书的研究拓展了灰色营销和营销道德领域对于参考群体的考察，并深化了对于参考群体和灰色营销行为决策之间关系的理解和认识，能够弥补此前营销道德领域和灰色营销研究中存在的缺陷。

(4)关注特定的情境因素时机和个人因素行为合理化在销售人员灰色营销行为决策过程的调节作用。本书关注时机对于整个灰色营销行为决策的调节作用以及行为合理化对于道德判断和灰色营销行为倾向间关系的调节作用。实证结果表明，时机和行为合理化确实会调节销售人员的灰色营销决策过程，即权变作用会带来销售人员灰色营销行为决策过程中各变量之间关系强弱程度的变化。本书有助于扩大对灰色营销行为决策过程及其成立条件的理解，并可以弥补此前灰色营销和营销道德研究对于权变作用关注不足[38]这一缺陷。

6.3 管理实践意义

(1)本书考察了关系对于中国销售人员灰色营销道德判断和灰色营销行为倾向的影响。由于关系植根于中国文化中，在中国人的工作和生活中都发挥着重要的影响作用[49]。对中国人来说关系不仅是一种文化规范，更成了一种本能[207]。同时，关系也对中国销售人员的商业行为带来了一定的迷惑和困扰。研究结果表明，销售人员会在事后给好处的情境中对灰色营销更为宽容，特别是私人关系好的时候，因为此时的销售人员可能将灰色营销和关系行为混同起来，而忽略灰色营销的本质以及其带来危害而不认为灰色营销行为是有道德问题的。所以，企业可能需要对销售人员进行适当的培训和教育，让其深刻理解灰色营销行为和关系行为之间的差异，让销售人员知道灰色营销会为个人、企业甚至整个社会带来的危害[13]，灰色营销行为是与中国传统的关系文化行为有着本质上的区别的，进而让销售人员做出更为客观的、道德的判断而不会受到关系文化或关系情感的“干扰”。本书的研究结果指出，销售人员的道德判断会影响其灰色营销行为倾向，越认为灰色营销是不道德的，就越不会参与其中。

(2)本书考察了组织内、外参考群体行为对销售人员灰色营销的两种道德判断和销售人员的灰色营销行为倾向的影响。研究结论指出，组织内、外部的参考群体的行为会对销售人员的两种道德判断以及销售人员的行为倾向有着显著的影响作用，特别是在事前给好处的情境中，参考群体行为的影响作用更明显，即参考群体参与灰色营销行为的倾向越大，销售人员越认为灰色营销是道德的，参与的倾向也就越高。因此，企业、行业甚至社会都需要采取措施抑制灰色营销行为的发生。首先，对于企业来讲，由于灰色营销的本质是推销人员通过向买方代理人出让利益而销售产品的营销方式[33]，买方和卖方的行为对整个社会而言具有同等的危害[34]。不过，销售人员与卖方企业的利益是相容的，因此企业有时会默认甚至鼓励这些行为[13]，可能不会采取相应的措施，然而对于那些认识到灰色营销的危害，真正想要约束企业销售人员的有道德问题的行为的企业，需要建立明确的、书面的、正式的灰色营销行为的政策和规范来抑制销售人员的灰色营销行为，并在日常工作中切实地执行这些规范和政策；另外，企业还需要注意企业道德氛围的培育，一方面企业管理者要向员工交流并传达企业的期望以及相应的道德规范；另一方面管理者更要发挥其模范作用，以身作则，并且不能参与不道德的行为。通过运用这些方式和方法，让企业员工感觉并认识到企业关注和重视员工行为的道德性，并让员工真正融入企业的道德氛围和规范当中，进而降低企业员工参与灰色营销行为的倾向。其次，从行业来看，需要行业进行自律，对行业环境进行净化，并对企业的灰色营销行为进行约束和限制。当销售人员降低了对同行或竞争者参与灰色营销行为的预期时，销售人员参与灰色营销行为的倾向就会被降低。最后，从社会角度来看，需要相关部门运用法律和法制制度来对企业的灰色营销行为进行遏制和约束。从法律角度讲，除了认定某些灰色营销行为是违法的，还需要使执法的力度加大，让从事这些灰色营销行为的企业切实地受到严厉的处罚，进而使这些企业参与灰色营销行为的成本大幅地增加，最终为的是引起企业的重视，让企业领导对销售人员的灰色营销行为的支持或默许程度降低。从本书的结果可以看出，当销售人员感知企业的领导和员工参与灰色营销的程度越低，其参与灰色营销的倾向就会被直接和间接地降低，进而抑制其灰色营销行为的目的也就达到了。

(3)本书考察特定的情境因素在销售人员灰色营销行为决策中的调节作用。根据一体化社会契约理论，销售人员所在的共同体不同，就会受到不同契约的约束，而且这些约束会随着情境而发生变化[47]。本书的研究也表明，销售人员决定是否参与灰色营销行为时，在不同的情境下，会采用不同的道德判断标准。除了销售人员对灰色营销进行文化性道德判断外，还会进行契约性道德判断。因此，这也从另一方面证实了作为企业、行业甚至国家中的一员，仅让企业做出努力来约束销售人员的行为是远远不够的，行业规范甚至国家的法律对灰色营销行为的监管和约束都非常重要。此外，关注特定情境因素对于销售人员道德决策的重要影响作用，有助于促使企业、行业和社会制定更为详细具体的规范和法规，让销售人员在面临特定的道德困境时有法可依，有据可循，进而降低其参与有道德问题行为的可能性。

(4)本书考察行为合理化在销售人员灰色营销行为决策中的调节作用。根据本书的研究结果，销售人员确实将灰色营销行为有意或无意间地合理化了，在很大程度上销售人员对灰色营销行为的合理化可以解释灰色营销这种有道德问题的行为仍然在中国普遍存在的原因。因此，企业需要尽可能地降低销售人员合理化灰色营销行为的程度，尝试让销售人员减轻对其失去订单会让个人和企业遭受严重后果的忧虑，如让销售人员认识到即使失去订单也不会让企业或个人处于竞争劣势，或是让销售人员看到灰色营销行为并不是把事情办妥的唯一方式，而是一种不正常的有道德问题的行为，会对企业甚至整个社会造成危害的行为，这些都有助于避免销售人员对灰色营销行为进行行为合理化。从企业的角度来看，企业管理者可以考虑运用培训、道德政策制定和企业文化建设等方法让员工意识到灰色营销行为中存在的道德问题，以及参与灰色营销行为当中可能会为企业和个人带来的严重后果，并向企业销售人员明确传递这一信息，即道德行为以及长期利益也是企业关注的重点之一，只有道德的行为才会为企业带来更大的效用并推动企业的长期发展；参与不道德行为与失去订单带来的后果这两者相比，前者为企业带来的损失更大，会让企业得不偿失。从销售人员的角度来看，企业管理者可以考虑固定工资和绩效工资在薪酬制度中的合理比例，以期在一定程度上让销售人员对失去订单所遭受损失的感知降低，即使失去订单也不会影响并威胁销售人员的生存，进而降低了销售人员灰色营销行为的合理化的可能性。另外，企业管理者还应该监管和辅助大的订单项目的实施，如销售经理直接参与销售人员的销售活动，或进行 3 人以上的团队销售，让团队成员之间进行互相监督和制约，以提升获得订单的可能性，并分摊或减少销售人员失去订单所带来的损失，从而让销售人员灰色营销行为合理化的程度大大降低，进而降低销售人员参与灰色营销行为的倾向。此外，企业自身产品或服务的质量也应该得到增强，价格策略也应该更为灵活，以增加销售人员的“筹码”，同时还会减轻销售人员销售的困难性，从而让销售人员在销售活动中有更多的选择(并不是把事情办妥的唯一方式)，进而做出更为道德的决策。

6.4 本章小结

总体而言，本书基本达到了预期的研究目的，通过对各个假设结果的深入讨论，不仅进一步支持和证实了以往的相关研究的结论，同时还提出并实证检验了一些新观点，补充和完善了之前的研究，并丰富了原有的探讨。本书在一定程度上深化了对现有的灰色营销理论和营销道德理论的研究，建立了灰色营销的权变模型，检验了私人关系，组织内外参考群体行为对于销售人员灰色营销行为决策的影响作用以及行为合理化和时机这一特定情境因素在灰色营销行为决策中的权变作用，这在灰色营销甚至营销道德研究中都没有或是较少得到检验。此外，本书对我国企业的营销管理实践也有一定的指导意义。

7 结论与展望

7.1 研究结论与特色

7.1.1 研究结论

(1)私人关系对销售人员的文化性道德判断没有直接的影响，但是对销售人员的契约性道德判断有正面的影响，即销售人员和采购人员之间的私人关系越好，越认为灰色营销行为是道德的；对销售人员灰色营销行为倾向没有直接影响，但是会通过契约性道德判断间接地对销售人员灰色营销行为倾向产生影响。

(2)参考群体行为对销售人员的文化性和契约性道德判断都有正面的影响，对销售人员的灰色营销行为也有正面的影响，即销售人员感知参考群体参与灰色营销行为的程度越高，销售人员就越是认为灰色营销行为是道德的，并且参与灰色营销行为的倾向就越高。

(3)销售人员的文化性道德判断和契约性道德判断对其灰色营销行为倾向有负面的影响，即销售人员越是认为灰色营销行为是道德的就越会参与其中。

(4)时机对私人关系和销售人员的契约性道德判断之间的关系有调节作用，但是对私人关系和销售人员的文化性道德判断之间的关系以及私人关系和销售人员灰色营销行为倾向之间的关系没有调节作用。此外，时机会调节参考群体性行为和契约性道德判断以及销售人员的灰色营销行为倾向之间的关系，但是对参考群体行为和文化性道德判断之间的关系没有调节作用。最后，时机还会调节文化性道德判断和契约性道德判断与销售人员灰色营销行为倾向之间的关系。

(5)行为合理化会对销售人员的文化性道德判断和契约性道德判断与其灰色营销行为倾向之间的关系产生调节作用。

7.1.2 研究的主要特色

本书以现有营销道德和灰色营销的相关研究成果为基础进行了进一步的探讨，与以往的研究相比，本书的创新点主要体现在以下 4 个方面：

第一，本书以中国企业间销售—采购这一层面为研究平台，从卖方角度构建了一个权变的灰色营销决策模型。一方面，模型中的道德决策过程这一部分，强调了道德判断中微观契约的作用，这有利于更好地进行道德决策的本土化研究；另一方面，模型中的影响因素部分，包含了影响道德决策过程的三个方面的因素，即个人因素、情境因素(组织因素和特定的情境因素)和关系。模型不仅考察了这些因素对销售人员灰色营销道德决策的直接影响作用，例如，私人关系和参考群体行为的直接影响，还考量了个人因素和特定情境因素在灰色营销道德决策中的权变作用，例如，行为合理化和时机的调节作用。对于影响因素的不同影响机制研究，能够更全面地揭示销售人员灰色营销行为决策的原因，有助于更好地理解并预测销售人员的决策行为，这弥补了现有销售人员灰色营销行为决策研究的不足。

第二，强调并检验了私人关系在灰色营销行为决策中的重要影响作用。之前商业道德问题以及一般性营销道德问题的研究中认为关系是企业取得商业成功的关键因素[210,294]，会对决策者的道德决策有重要的影响作用[10]，但是这些研究存在一些问题，如将关系规范、关系导向和关系状态概念之间混同而得出不一致的结论等。更重要的是，对于一般性营销道德问题的研究并不能替代针对灰色营销的研究，因为灰色营销的对偶性即买卖双方都存在道德问题，使销售人员和采购人员双方的人际关系对于销售人员的影响作用可能更为复杂和显著[41]，而之前的研究并没有检验关系对于销售人员灰色营销行为决策的影响作用。因此，本书研究关系状态对灰色营销行为决策的影响，在一定程度上有助于解释之前研究结论的不一致问题，也扩展了灰色营销和营销道德决策中的研究内容，加深了对于关系的影响作用的了解。

第三，同时关注并检验了组织内和组织外参考群体行为对销售人员灰色营销行为决策的影响。在针对一般营销道德的研究中将参考群体分为两类：组织内和组织外参考群体，并强调了组织内参考群体的影响作用。一些学者认为与制度规范相比，参考群体对具有边界跨越性特点的销售人员道德决策的影响作用可能会更大[5]。而此前对于灰色营销的研究中很少关注参考群体的影响作用，仅一篇文章检验了组织外买方参考群体行为的影响[43]，缺乏对组织内参考群体行为以及组织外同行或竞争者行为影响作用的研究[38,44]。本书探讨了组织内领导和同事以及组织外同行的影响作用，因此能够完善灰色营销理论和营销道德领域的相关研究，并为企业的营销道德管理实践提供借鉴。

第四，关注并检验了特定的情境因素和个人因素在营销道德决策中的权变影响。此前对于灰色营销道德决策的研究关注个人、组织和环境因素对销售人员灰色营销行为决策的影响，如销售人员道德水准[34]、道德培训[14]、企业奖罚[34]、买方索要行为[43]等，为理解销售人员的灰色营销道德决策过程及发展灰色营销道德理论做出了贡献。之前在灰色营销道德决策的研究中，对于特定情境因素的研究不多[2,38]，仅一篇文章检验了订单大小对灰色营销行为决策的直接影响作用，且没有关注情境因素对销售人员灰色营销行为决策的权变作用。此外，这些研究也都没考虑行为合理化这一变量的影响作用，特别是其权变作用，行为合理化的影响作用有助于更好地解释销售人员主动参与有道德问题的营销行为中的内在原因和驱动力[10]。特定情境因素和个人因素的权变作用所带来的销售人员的灰色营销行为决策过程中各个变量之间相关关系的强弱的变化，有助于扩大对灰色营销道德决策过程及其成立条件的理解。因此，本书对于情境因素和个人因素在灰色营销决策中权变作用的关注，不仅丰富了灰色营销的研究内容，而且揭示了灰色营销行为决策发生的条件，有助于营销道德理论的发展，帮助企业管理者更好地理解销售人员的决策过程并预测其行为，并为企业的灰色营销道德管理实践提供指导。

7.2 研究局限性以及未来研究方向

虽然本书基本验证了提出的概念模型，得到了一些新的研究成果，但是研究在方法和内容上还是存在一些缺陷，此外还有很多可以进一步探索和完善的问题可以在后续的研究中进行。

第一，由于本书涉及的灰色营销属于敏感性问题，难以得到被测者的配合，样本收集的难度比较大，因此本书的样本量不大且不是随机的样本，所以研究结果的代表性可能会受到影响。另外，本书只用了两个题项来测量道德判断这一变量，虽然有很多相关研究也使用了两个题项，但是有学者认为用两个题项来测量一个变量可能会造成测量上的一些误差。可以考虑在今后的研究中提高样本量并改进问卷设计。

第二，本书只研究了关系状态对一种灰色营销行为决策的影响作用，因此，不一定适用于其他的灰色营销情境中或其他营销道德问题。未来的研究可以考虑在不同的营销道德问题中研究关系状态的影响作用，也可以检验其他与关系相关的概念，如关系规范，对一种或多种营销道德问题的影响，以扩展研究的内容和领域。

第三，本书仅考虑了一个情境因素的影响作用，没有探讨企业制度或道德强度对销售人员灰色营销道德评价和行为倾向的影响，后续研究可以加入制度和道德强度到营销道德行为决策中，进一步考量情境因素与这些因素之间交互作用可能产生的作用。

第四，本书只研究了灰色营销行为中的一种，即给好处。本书虽然能够说明对给好处这一行为的合理化会影响销售人员的灰色营销行为决策，但是对其他的灰色营销行为的合理化，如送礼、给回扣，是否会对灰色营销行为决策产生相同的影响作用未涉及，因此，可以在今后的研究中进一步检验不同灰色营销行为的合理化对不同的灰色营销行为决策的影响作用，并对比它们之间的差异，这有助于学者们更深入地了解行为合理化影响灰色营销行为决策的机制，获得相关的更为科学的结论。

第五，灰色营销是买卖双方代理人都存在道德问题且共同参与的营销行为，因而，最为理想的研究方式是进行双边研究。如果今后的研究能从销售和采购双方取得配对的样本并进行分析研究，将有助于更进一步地了解灰色营销中的买卖双方的互动性，进而得出更为科学的结论。

附录

调研问卷Ⅰ

尊敬的先生/女士：

您好！本问卷是一项学术调查。

1. 本问卷采取匿名的方式，所得资料仅用于学术研究，不会泄露任何有关个人和公司信息。

2. 下面假设的情景，请您认真阅读，填写您真实的态度，您的态度无对错。

3. 您所提供的资料将绝对保密，请放心作答。

4. 请选择您最认可的答案，并在该选项上打“√”，或用亮色标出。

（1＝完全不同意；2＝非常不同意；3＝不同意；4＝无意见；5＝同意；6＝非常同意；7＝完全同意）。

5. 问卷填写用时 15～20 分钟，非常感谢您的合作！

情景 S1：

小刘和李经理是关系很好的朋友。他们交往多年，在生活中相互关照，过年过节也会相互联络，并且经常在一起吃饭、聊天，互相都很熟悉对方的兴趣爱好且志趣相投。

小刘是 A 公司的销售人员，A 公司是一家产品供应商。李经理是 B 公司的采购负责人，对 B 公司的产品采购有决策权。

B 公司目前有一大笔采购订单。小刘为了获得订单，经权衡，决定给李经理一笔“好处费”。

题项	具体指标	完全不同意 → 完全同意
GX1	情景中的小刘和李经理的关系很亲密	1 2 3 4 5 6 7
GX2	情景中的小刘和李经理经常有机会接触，如在一起吃饭或参加某些活动	1 2 3 4 5 6 7

续表

题项	具体指标	完全不同意 → 完全同意
GX3	情景中的小刘和李经理的关系经过长时间考验	1 2 3 4 5 6 7
GX4	情景中的小刘要不是为了某种利益需要，不愿与李经理接触	1 2 3 4 5 6 7
PU1	小刘的行为在中国道德文化背景下不能被接受	1 2 3 4 5 6 7
PU2	小刘的行为不能被中国传统道德文化接受	1 2 3 4 5 6 7
PU3	小刘的行为违反了行规	1 2 3 4 5 6 7
PU4	小刘的行为违反了行业中的心照不宣	1 2 3 4 5 6 7
GT1	我会像小刘那样做	1 2 3 4 5 6 7
GT2	如果我是小刘，我也会这样做	1 2 3 4 5 6 7
GT3	如果我是小刘，我不会这样做	1 2 3 4 5 6 7

请根据贵公司的实际情况，给出您对以下问题的看法：

题项	具体指标	完全不同意 → 完全同意
RGW1	我们公司所在的行业中，销售人员给红包的现象很普遍	1 2 3 4 5 6 7
RGW2	我们公司所在的行业中，销售人员送礼的现象很普遍	1 2 3 4 5 6 7
RGW3	我们公司所在的行业中，销售人员请吃的现象很普遍	1 2 3 4 5 6 7
RGN1	我的上司经常会给客户红包	1 2 3 4 5 6 7
RGN2	我的同事经常会给客户红包	1 2 3 4 5 6 7
RGN3	我的上司经常会给客户送礼	1 2 3 4 5 6 7
RGN4	我的同事经常会给客户送礼	1 2 3 4 5 6 7
RGN5	我的上司经常通过给客户红包、送礼而获得订单	1 2 3 4 5 6 7
RGN6	我的同事经常通过给客户红包、送礼而获得订单	1 2 3 4 5 6 7

请根据您的个人感受，给出您对以下问题的看法：

题项	具体指标	完全不同意 → 完全同意
BJ1	在中国为了进行有效的竞争，销售人员通常会参与到请吃饭、送礼和给红包等行为中	1 2 3 4 5 6 7
BJ2	在中国做生意，从事请吃饭、送礼和给红包活动是正常的	1 2 3 4 5 6 7
BJ3	与那些参与请吃、送礼和给红包等行为的销售人员相比，不参与这些行为的销售人员会在竞争中处于劣势	1 2 3 4 5 6 7
BJ4	在中国进行商业活动时，请吃饭、送礼和给红包等行为是需要重点考虑的事情	1 2 3 4 5 6 7
BJ5	在中国参与请吃饭、送礼和给红包等行为，是把事情办妥的一种方式	1 2 3 4 5 6 7
BJ6	在中国想要把事情办妥，需要参与到请吃饭、送礼和给红包等行为中	1 2 3 4 5 6 7

情景 S2：

小刘和李经理之间只是一般的工作关系，私下并没有交情。

小刘是 A 公司的销售人员，A 公司是一家产品供应商。李经理是 B 公司的采购负责人，对 B 公司的产品采购有决策权。

B 公司目前有一大笔采购订单。小刘为了获得订单，经权衡，决定给李经理一笔“好处费”。

题项	具体指标	完全不同意 → 完全同意
GX1	情景中的小刘和李经理的关系很亲密	1 2 3 4 5 6 7
GX2	情景中的小刘和李经理经常有机会接触，如在一起吃饭或参加某些活动	1 2 3 4 5 6 7
GX3	情景中的小刘和李经理的关系经过了长时间考验	1 2 3 4 5 6 7

续表

题项	具体指标	完全不同意 → 完全同意
GX4	情景中的小刘要不是为了某种利益需要，不会与李经理接触	1 2 3 4 5 6 7
PU1	小刘的行为在中国道德文化背景下是不能被接受的	1 2 3 4 5 6 7
PU2	小刘的行为不能被中国传统道德文化接受	1 2 3 4 5 6 7
PU3	小刘的行为违反了行规	1 2 3 4 5 6 7
PU4	小刘的行为违反了行业中的潜规则	1 2 3 4 5 6 7
GT1	我会像小刘那样做	1 2 3 4 5 6 7
GT2	如果我是小刘，我也会这样做	1 2 3 4 5 6 7
GT3	如果我是小刘，我不会这样做	1 2 3 4 5 6 7

分类资料：(请在相应选项前打“√”，以下题目均为单选题)

Q1. 贵公司所属行业为：

(1)工业品行业　(2)消费品行业　(3)服务业

Q2. 贵公司的规模：

(1) 100 人以下　(2) 100～499 人　(3) 500～999 人

(4) 1 000 人以上

Q3. 贵公司的性质：

(1)国有企业　(2)集体企业　(3)私营企业

(4)合资企业　(5)外资企业　(6)其他

Q4. 您的性别：

(1)男　(2)女

Q5. 您的年龄：

(1) 25 岁以下　(2) 25～35 岁　(3) 36～45 岁　(4)45 岁以上

Q6. 您的教育程度：

(1)高中及以下　(2)大专、中专　(3)大学　(4)硕士及以上

Q7. 您从事目前工作的年限：

(1) 1 年以下　(2) 1～3 年　(3) 3～5 年

(4) 5～10 年　　(5) 10 年以上

Q8. 您的底薪在收入总额中所占的比重大概是：

(1) 10%以下　　(2)10%～30%　　(3)30%～50%

(4)50～80%　　(5)80%以上

Q9. 您的职位：

(1)销售经理　　(2)销售代表　　(3)销售主管

(4)营销人员　　(5)其他(请注明)

问卷到此结束，再次感谢您的支持与帮助！

调研问卷Ⅱ

尊敬的先生/女士：

您好！本问卷是一项学术调查。

1. 本问卷采取匿名的方式，所得资料仅用于学术研究，不会泄露任何有关个人和公司信息。

2. 下面假设的情景，请您认真阅读，填写您真实的态度，您的态度无对错之分。

3. 您所提供的资料将绝对保密，请放心作答。

4. 请选择您最认可的答案，并在该选项上打"√"，或用亮色标出。

(1＝完全不同意；2＝非常不同意；3＝不同意；4＝无意见；5＝同意；6＝非常同意；7＝完全同意)。

5. 问卷填写用时 15～20 分钟，非常感谢您的合作！

情景 S3：

小刘和李经理是关系很好的朋友。他们交往多年，在生活中相互关照，过年过节也会相互联络，并且常在一起吃饭、聊天，互相都很熟悉对方的兴趣爱好且志趣相投。

小刘是 A 公司的销售人员，A 公司是一家产品供应商。李经理是 B 公司的采购负责人，对 B 公司的产品采购有决策权。

李经理代表 B 公司已将一笔购买产品的大订单给了小刘代表的 A 公司。小刘为了感谢李经理在生意上的照应，给了李经理一笔"好处费"。

题项	具体指标	完全不同意 → 完全同意
GX1	情景中的小刘和李经理的关系很亲密	1 2 3 4 5 6 7
GX2	情景中的小刘和李经理经常有机会接触，如在一起吃饭或参加某些活动	1 2 3 4 5 6 7
GX3	情景中的小刘和李经理的关系经过了长时间考验	1 2 3 4 5 6 7
GX4	情景中的小刘要不是为了某种利益需要，是不愿与李经理接触的	1 2 3 4 5 6 7
PU1	小刘的行为在中国道德文化背景下不能被接受	1 2 3 4 5 6 7
PU2	小刘的行为不能被中国传统道德文化接受	1 2 3 4 5 6 7
PU3	小刘的行为违反了行规	1 2 3 4 5 6 7
PU4	小刘的行为违反了行业中的潜规则	1 2 3 4 5 6 7
GT1	我会像小刘那样做	1 2 3 4 5 6 7
GT2	如果我是小刘，我也会这样做	1 2 3 4 5 6 7
GT3	如果我是小刘，我不会这样做	1 2 3 4 5 6 7

请根据贵公司的实际情况，给出您对以下问题的看法：

题项	具体指标	完全不同意 → 完全同意
RGW1	我们公司所在的行业中，销售人员给红包的现象很普遍	1 2 3 4 5 6 7
RGW2	我们公司所在的行业中，销售人员送礼的现象很普遍	1 2 3 4 5 6 7
RGW3	我们公司所在的行业中，销售人员请吃的现象很普遍	1 2 3 4 5 6 7
RGN1	我的上司经常会给客户红包	1 2 3 4 5 6 7
RGN2	我的同事经常会给客户红包	1 2 3 4 5 6 7
RGN3	我的上司经常会给客户送礼	1 2 3 4 5 6 7
RGN4	我的同事经常会给客户送礼	1 2 3 4 5 6 7
RGN5	我的上司经常通过给客户红包、送礼而获得订单	1 2 3 4 5 6 7
RGN6	我的同事经常通过给客户红包、送礼而获得订单	1 2 3 4 5 6 7

请根据您的个人感受，给出您对以下问题的看法：

题项	具体指标	完全不同意 → 完全同意
BJ1	在中国为了进行有效的竞争，销售人员通常会参与到请吃饭、送礼和给红包等行为	1 2 3 4 5 6 7
BJ2	在中国做生意，从事请吃饭、送礼和给红包活动是正常的	1 2 3 4 5 6 7
BJ3	与那些参与请吃饭、送礼和给红包等行为的销售人员相比，不参与这些行为的销售人员会在竞争中处于劣势	1 2 3 4 5 6 7
BJ4	在中国进行商业活动时，请吃饭、送礼和给红包等行为是需要重点考虑的事情	1 2 3 4 5 6 7
BJ5	在中国参与请吃饭、送礼和给红包等行为，是把事情办妥的一种方式	1 2 3 4 5 6 7
BJ6	在中国想要把事情办妥，需要参与到请吃饭、送礼和给红包等行为	1 2 3 4 5 6 7

情景 S4：

小刘和李经理之间只是一般的工作关系，私下并没有交情。

小刘是A公司的销售人员，A公司是一家产品供应商。李经理是B公司的采购负责人，对B公司的产品采购有决策权。

李经理代表B公司已将一大笔购买产品的订单给了小刘代表的A公司。小刘为了感谢李经理在生意上的照应，给了李经理一笔“好处费”。

题项	具体指标	完全不同意 → 完全同意
GX1	情景中的小刘和李经理的关系很亲密	1 2 3 4 5 6 7
GX2	情景中的小刘和李经理经常有机会接触，如在一起吃饭或参加某些活动	1 2 3 4 5 6 7
GX3	情景中的小刘和李经理的关系经过长时间考验	1 2 3 4 5 6 7
GX4	情景中的小刘要不是为了某种利益需要，不会与李经理接触	1 2 3 4 5 6 7

续表

题项	具体指标	完全不同意 → 完全同意
PU1	小刘的行为在中国道德文化背景下不能被接受	1 2 3 4 5 6 7
PU2	小刘的行为不能被中国传统道德文化接受	1 2 3 4 5 6 7
PU3	小刘的行为违反了行规	1 2 3 4 5 6 7
PU4	小刘的行为违反了行业中的潜规则	1 2 3 4 5 6 7
GT1	我会像小刘那样做的	1 2 3 4 5 6 7
GT2	如果我是小刘，我也会这样做	1 2 3 4 5 6 7
GT3	如果我是小刘，我不会这样做	1 2 3 4 5 6 7

分类资料：（请在相应选项上打“√”，以下题目均为单选题）

Q1. 贵公司所属行业为：

(1)工业品行业　(2)消费品行业　(3)服务业

Q2. 贵公司的规模：

(1) 100 人以下　(2) 100～499 人

(3) 500～999 人　(4) 1 000 人以上

Q3. 贵公司的性质：

(1)国有企业　(2)集体企业　(3)私营企业

(4)合资企业　(5)外资企业　(6)其他

Q4. 您的性别：

(1)男　(2)女

Q5. 您的年龄：

(1) 25 岁以下　(2) 25～35 岁　(3) 36～45 岁　(4) 45 岁以上

Q6. 您的教育程度：

(1)高中及以下　(2)大专　(3)中专　(4)硕士及以上

Q7. 您从事目前工作的年限：

(1) 1 年以下　(2) 1～3 年　(3) 3～5 年

(4) 5～10 年　(5) 10 年以上

Q8. 您的底薪在收入总额中所占的比重大概是多少？

(1) 10%以下　　(2) 10%～30%　　(3) 30%～50%

(4) 50%～80%　　(5)80%以上

Q9. 您的职位：

(1)销售经理　　(2)销售代表　　(3)销售主管

(4)营销人员　　(5)其他(请注明)

问卷到此结束，再次感谢您的支持与帮助！

参考文献

[1] Román S, Ruiz S. Relationship Outcomes of Perceived Ethical Sales Behavior: The Customer's Perspective[J]. Journal of Business Research, 2005, 58 (4): 439—445.

[2] Ross WT, Robertson DC. A Typology of Situational Factors: Impact on Salesperson Decision—Making about Ethical Issues[J]. Journal of Business Ethics, 2003, 46 (3): 213—234.

[3] Tuli KR, Kohli AK, Bharadwaj SG. Rethinking Customer Solutions: From Product Bundles to Relational Processes[J]. Journal of Marketing, 2007, 71 (3): 1—17.

[4] Barney J. Firm Resources and Sustained Competitive Advantage[J]. Journal of Management, 1991, 17 (1): 99—120.

[5] Ingram TN, LaForge RW, Schwepker JCH. Salesperson Ethical Decision Making: The Impact of Sales Leadership and Sales Management Control Strategy[J]. Journal of Personal Selling & Sales Management, 2007, 27 (4): 301—315.

[6] Abratt R, Nel D, Higgs NS. An Examination of the Ethical Beliefs of Managers Using Selected Scenarios in a Cross—Cultural Environment[J]. Journal of Business Ethics, 1992, 11 (1): 29—35.

[7] Jones E, Brown SP, Zoltners AA, et al. The Changing Environment of Selling and Sales Management[J]. Journal of Personal Selling & Sales Management, 2005, 25 (2): 105—112.

[8] Singhapakdi A, Vitell SJ. Marketing Ethics: Sales Professionals Versus Other Marketing Professionals[J]. Journal of Personal Selling & Sales Management, 1992, 12 (2): 27—38.

[9] Román S, Munuera JL. Determinants and Consequences of Ethical Behaviour: An Empirical Study of Salespeople[J]. European Journal of Marketing, 2005, 39 (5/6): 473—495.

[10] Collins JD, Uhlenbruck K, Rodriguez P. Why Firms Engage in Corruption: A Top Management Perspective[J]. Journal of Business Ethics, 2009, 87 (1): 89—108.

[11] Brass DJ, Butterfield KD, Skaggs BC. Relationships and Unethical Behavior: A Social Network Perspective[J]. The Academy of Management Review, 1998, 23 (1): 14—31.

[12] Mantel SP. Choice or Perception: How Affect Influence Ethical Choice Among Salespeople[J]. Journal of Personal Selling & Sales Management, 2005, 25 (1): 43—55.

[13] Zhuang G, Tsang ASL. A Study on Ethically Problematic Selling Methods in China with a Broaden Concept of Gray—marketing[J]. Journal of Business Ethics, 2008, 79 (1/2): 85—101.

[14] 庄贵军，周筱莲，彭茜．针对灰色营销进行道德培训的实验效果[J]. 南开管理评论，2009，12 (6): 101—110.

[15] Argandona A. Private—to—private Corruption[J]. Journal of Business Ethics, 2003, 47 (3): 253—267.

[16] Ligos M. Gimme, Gimme, Gimme[J]. Sales and Marketing Management, 2002, 154 (3): 32—40.

[17] Dickinson JG. HHS Puts Marketers on Kickback Alert[J]. Medical Marketing and Media, 2003, 38 (6): 19.

[18] McCormick VL. How the AdvaMed Code of Ethics Affects Physician, Hospitals, and Other Providers[J]. Journal of Health Care Compliance, 2005, 7 (1): 21—28.

[19] Sardžoska E, Tang T. Testing a Model of Behavioral Intentions in the Republic of Macedonia: Differences Between the Private and the Public Sectors[J]. Journal of Business Ethics, 2009, 87 (4): 495—517.

[20] Bingqingwu. 跨国公司热衷商业贿赂中国潜规则成元凶[EB/OL]. http://news.sohu.com/20090803/n265683336.shtml.

[21] 克伟．力拓间谍门或成导火索跨国公司商贿将被严打[EB/OL]. http://

business. sohu. com/20090713/n265165987. shtml，2009－7－13.

[22] 吴丕．“腐败排行榜”与中国反腐败[J]. 北京大学学报（哲学社会科学版），2000，37 (3)：50－58.

[23] 胡贤传．市场窜货面面观[J]. 中国商贸，2001(16)：52－54.

[24] Duhan DF，Sheffet MJ. Gray Markets and the Legal Status of Parallel Importation[J]. Journal of Marketing，1988，52 (3)：73－75.

[25] 黎燕燕，杨妮，柴进．论虚假广告对消费者权益的侵害[J]. 法学杂志，2003，24(6)：15－16.

[26] Boudreau M，Gefen D，Straub D. Validation in IS Research：A State－of－the－Art Assessment[J]. MIS Quarterly，2001，25 (1)：1－16.

[27] Jelinek R，Ahearne M. The Enemy within：Examining Salesperson Deviance and Its Determinants[J]. Journal of Personal Selling & Sales Management，2006，26 (4)：327－344.

[28] 曾伟球．市场潜规则的应用及其对营销道德冲突的问题研究[J]. 中国市场，2006，(Z3)：96－97.

[29] Millington A，Eberhardt M，Wilkinson B. Gift Giving，Guanxi and Illicit Payments in Buyer－Supplier Relations in China：Analysing the Experience of UK Companies[J]. Journal of Business Ethics，2005，57 (3)：255－268.

[30] 彭茜，庄贵军，郭艳霞．选择自由度对销售人员灰色营销行为倾向的影响[J]. 管理学报，2012，9 (2)：272－279.

[31] 庄贵军．关于灰色营销道德评价的一个初步调查[J]. 中国流通经济，2004，18(6)：48－51.

[32] Dubinsky AJ，Gwin JM. Business Ethics：Buyers and Sellers[J]. Journal of Purchasing and Materials Management，1981，17 (4)：7－16.

[33] 庄贵军．灰色营销的道德评价：调查与检验[J]. 南开管理评论，2004，7 (5)：30－38.

[34] 庄贵军，周筱莲．营销人员对灰色营销的道德评价及其影响[J]. 营销科学学报，2006，2 (1)：29－39.

[35] Dubinsky AJ，Jolson MA，Michaels RE，et al. Ethical Perceptions of Field Sales Personnel：An Empirical Assessment[J]. Journal of Personal Selling & Sales Management，1992，12 (4)：9－21.

[36] Anderson E，Oliver RL. Perspectives on Behavior－Based Versus Outcome－Based Salesforce Control Systems[J]. Journal of Marketing，1987，51 (4)：76－88.

[37] Forker LB，Janson RL. Ethical Practices in Purchasing [J]. Journal of Purchasing and Materials Management，1990，26 (1)：19－26.

[38] O'Fallon MJ，Butterfield KD. A Review of the Empirical Ethical Decision－Making Literature：1996－2003[J]. Journal of Business Ethics，2005，59 (4)：375－413.

[39] Wotruba TR. A Comprehensive Framework for the Analysis of Ethical Behavior，with a Focus on Sales Organizations[J]. Journal of Personal Selling & Sales Management，1990，10 (2)：29－42.

[40] Rest J. Moral Development：Advances in Research and Theory [M]. New York：Praeger，1986.

[41] Fang M－L. Examining Ethical Intentions of Individual Employees of Taiwan from Theory of Planned Behavior[J]. The Business Review，Cambridge，2006，6 (1)：257－263.

[42] Ren B，Au K，Birtch T. China's Business Network Structure During Institutional Transitions[J]. Asia Pacific Journal of Management，2009，26 (2)：219－241.

[43] 庄贵军，郭艳霞．销售人员对于灰色营销的道德评价和行为倾向：买方的影响[J]．营销科学学报，2008，4 (4)：63－72.

[44] Schwepker JCH，Good DJ. Sales Management's Influence on Employment and Training in Developing an Erhical Sales Force[J]. Journal of Personal Selling & Sales Management，2007，27 (4)：325－339.

[45] Trevino LK. Ethical Decision Making in Organizations：A Person－Situation Interactionist Model[J]. The Academy of Management Review，1986，11 (3)：601－618.

[46] Jackson KR，Holland DV，Albrecht C，et al. Fraud Isn't Just for Big Business：Understanding the Drivers，Consequences，and Prevention of Fraud in Small Business[J]. The Journal of International Management Studies，2010，5 (1)：160－164.

[47] Donaldson T，Dunfee TW. Toward a Unified Conception of Business

Ethics: Integrative Social Contracts Theory[J]. The Academy of Management Review, 1994, 19 (2): 252—284.

[48] Ferrell OC, Gresham LG. A Contingency Framework for Understanding Ethical Decision Making in Marketing[J]. Journal of Marketing, 1985, 49 (3): 87—96.

[49] 庄贵军，席酉民．关系营销在中国的文化基础[J]. 管理世界，2003，(10): 98—109，156.

[50] Ho C, Redfern KA. Consideration of the Role of Guanxi in the Ethical Judgments of Chinese Managers[J]. Journal of Business Ethics, 2010, 96 (2): 207—221.

[51] Zhu Y. Confucian Ethics Exhibited in the Discourse of Chinese Business and Marketing Communication: JBE[J]. Journal of Business Ethics, 2009, 88 (3): 517—528.

[52] Hwang DB, Golemon PL, Chen Y, et al. Guanxi and Business Ethics in Confucian Society Today: An Empirical Case Study in Taiwan[J]. Journal of Business Ethics, 2009, 89 (2): 235—250.

[53] Su C, Sirgy M, Littlefield J. Is Guanxi Orientation Bad, Ethically Speaking? A Study of Chinese Enterprises [J]. Journal of Business Ethics, 2003, 44 (4): 303—312.

[54] Tan D, Robin Stanley S. The Third Eye: Exploring Guanxi and Relational Morality in the Workplace [J]. Journal of Business Ethics, 2002, 41 (4): 361—384.

[55] Au A, Wong D. The Impact of Guanxi on The Ethical Decision—Making Process of Auditors—An Exploratory Study on Chinese Cpas in Hong Kong[J]. Journal of Business Ethics, 2000, 28 (1): 87—93.

[56] Dunfee T, Warren D. Is Guanxi Ethical? A Normative Analysis of Doing Business in China[J]. Journal of Business Ethics, 2001, 32 (3): 191—204.

[57] Hwang D, Staley B, Ying Te C, et al. Confucian Culture and Whistle—Blowing by Professional Accountants: An Exploratory Study[J]. Managerial Auditing Journal, 2008, 23 (5): 504—526.

[58] Powpaka S. Factors Affecting Managers' Decision to Bribe: An Em-

pirical Investigation[J]. Journal of Business Ethics, 2002, 40 (3): 227—246.

[59] 斯蒂芬·P. 罗宾斯. 管理学[M]. 4 版. 黄卫伟，等译. 北京：中国人民大学出版社，1997.

[60] Schlegelmilch B, Öberseder M. Half a Century of Marketing Ethics: Shifting Perspectives and Emerging Trends[J]. Journal of Business Ethics, 2010, 93 (1): 1—19.

[61] Dunfee TW, Smith NC, Jr. WTR. Social Contracts and Marketing Ethics[J]. Journal of Marketing, 1999, 63 (3): 14—32.

[62] Hunt SD, Vitell SJ. A General Theory of Marketing Ethics[J]. Journal of Macromarketing, 1986, 6 (1): 5—18.

[63] Tsalikis J, Fritzsche DJ. Business Ethics: A Literature Review with a Focus on Market[J]. Journal of Business Ethics, 1989, 8 (9): 695—743.

[64] Malhotra NK, Miller GL. An Integrated Model for Ethical Decisions in Marketing Research[J]. Journal of Business Ethics, 1998, 17 (3): 263—280.

[65] Cavanagh GF, Moberg DJ, Velasquez M. The Ethics of Organizational Politics[J]. Academy of Management, 1981, 6 (3): 363—374.

[66] Laczniak GR, Patrick E M. Ethical Marketing Decisions: The Higher Road[M]. Needham Heights. MA: Allyn and Bacon, 1993.

[67] Smith NC. Marketing Strategies for The Ethics Era[J]. Sloan Management Review, 1995, 36 (4): 85—97.

[68] Robertson CJ, Crittenden WF. Mapping Moral Philosophies: Strategic Implications for Multinational Firms[J]. Strategic Management Journal, 2003, 24 (4): 385—392.

[69] Buchanan A. Ethics, Efficiency, and the Market[M]. Totowa, NJ: Rowman and Littlefield, 1988.

[70] Williams OF, Murphy PE. The Ethics of Virtue: A Moral Theory for Marketing[J]. Journal of Macromarketing, 1990, 10 (1): 19—29.

[71] Laczniak GR, Murphy PE. Fostering Ethical Marketing Decisions[J]. Journal of Business Ethics, 1991, 10 (4): 259—271.

[72] O'Boyle EJ, Dawson LE, Jr. The American Marketing Association

Code of Ethics: Instructions for Marketers[J]. Journal of Business Ethics, 1992, 11 (12): 921—932.

[73] Robin DP, Reidenbach RE. Searching for a Place to Stand: Toward a Workable Ethical Philosophy for Marketing[J]. Journal of Public Policy & Marketing, 1993, 12 (1): 97—105.

[74] Hartman EM. Organizational Ethics and the Good Life[M]. New York: Oxford University Press, 1996.

[75] Ho FN, Vitell SJ, Barnes JH, et al. Ethical Correlates of Role Conflict and Ambiguity in Marketing: The Mediating Role of Cognitive Moral Development[J]. Academy of Marketing Science Journal, 1997, 25 (2): 117—126.

[76] Engel FJ, Blackwell DR, Miniard WP. Consumer Behavior[M]. Orlando, FL: Harcourt Brace College, 1995.

[77] Kohlberg L. Stage and Sequence: The Cognitive—Developmental Approach to Socialization[M]. In: Goslin DA, editor. Handbook of Socializtion Theory and Research. Rand McNally College Publishing Company: Chicago, 1969: 347—480.

[78] Rest J. Development in Judging Moral Issues[M]. Minnesota: University of Minnesota Press, 1979.

[79] Cohen JR, Pant LW, Sharp DJ. The Effect of Gender and Academic Discipline Diversity on the Ethical Evaluations, Ethical Intentions and Ethical Orientations of Potential Public Accounting Recruits[J]. Accounting Horizons, 1998, 12 (3): 250—270.

[80] Fisher DG, Sweeney JT. The Relationship Between Political Attitudes and Moral Judgement: Examining the Validity of the Defining Issues Test[J]. Journal of Business Ethics, 1998, 17 (8): 905—916.

[81] Vitell SJ, Foo Nin H. Ethical Decision Making in Marketing: A Synthesis and Evaluation of Scales Measuring the Various Components of Decision Making in Ethical Situations[J]. Journal of Business Ethics, 1997, 16 (7): 699—717.

[82] Loe TW, Ferrell L, Mansfield P. A Review of Empirical Studies Assessing Ethical Decision Making in Business[J]. Journal of Business

Ethics，2000，25 (3)：185—204.

[83] Jones TM. Ethical Decision Making by Individuals in Organizations：An Issue－Contingent Model[J].The Academy of Management Review，1991，16 (2)：366—395.

[84] 甘碧群，符国群．关于市场营销的道德界限[J]．商业经济与管理，1995(5)：7—10.

[85] 甘碧群．重视对市场营销道德的研究[J]．商业经济研究，1994(12)：34—36.

[86] 韩晓明．市场营销决策道德的伦理分析[J]．宜春学院学报(社会科学)，2004，26 (1)：56—58.

[87] 程士安，章燕．广告伦理研究体系的构建基础[J]．新闻大学，2008 (4)：120—125.

[88] 甘碧群，廖以臣．透视网络营销中的道德[J]．中国国情国力，2004 (8)：57—60.

[89] 华杰．中国产业营销伦理问题研究[J]．江苏商论，2006(7)：67—68.

[90] 甘碧群．关于跨国营销道德问题的探索(上)[J]．外国经济与管理，1999(11)：34—36.

[91] 甘碧群．关于跨国营销道德问题的探讨(下)[J]．外国经济与管理，1999(12)：30—32.

[92] 宾建成．跨国营销道德状况及其影响因素分析[J]．未来与发展，2004，25(4)：15—17.

[93] 寿志钢，甘碧群．企业营销道德的测评维度及其在道德总体感知中的作用[J]．南开管理评论，2008，11 (3)：80—88.

[94] 夏恩君，薛永基．企业营销道德模糊综合评价及其应用研究[J]．北京理工大学学报(社会科学版)，2008，10 (2)：3—7.

[95] 刘先涛，周超，罗坚．石油销售企业道德评价研究[J]．科技与管理，2008，10 (1)：49—51.

[96] 刘向晖．论网络营销的伦理战略[J]．管理评论，2005，17 (5)：24—29.

[97] 甘碧群，曾伏娥．企业营销行为的道德感知与测度：消费者视角[J]．管理世界，2004，(7)：86—92.

[98] 陈璟菁．保险营销伦理决策模型及其影响因素分析——兼论加强我国保险营销伦理建设的对策措施[J]．技术经济，2006(1)：42—45.

[99] 牛永革，李蔚．营销伦理对品牌重生影响的实证研究[J]．南开管理评论，2006，9（5）：36—43．

[100] Hunt SD，Vitell SJ. A General Theory of Marketing Ethics：A Retrospective and Revision[A][J]．In Smith，NC and Ouelch，JA（eds）Ethics in Marketing[C]，Boston：Irwin，1993：775—784．

[101] Zey-Ferrell M，Weaver KM，Ferrell OC. Predicting Unethical Behavior Among Marketing Practitioners[J]．Human Relations，1979，32（7）：557—569．

[102] Brenner SN，Molander EA. Is the Ethics of Business Changing？[J]．Harvard Business Review，1977，55（1）：57—71．

[103] Dubinsky AJ，Loken B. Analyzing Ethical Decision Making in Marketing[J]．Journal of Business Research，1989，19（2）：83—107．

[104] Ajzen I. From Intentions to Actions：A Theory of Planned Behavior [J]．Kuhland J，Beckman J. Action — control：From Cognitions to Behavior. Heidelberg：Springer，1985：11—19．

[105] Kohlberg L. The Cognitive—Developmental Approach to Moral Education[J]. Phi Delta Kappan，1975，56（10）：670—677．

[106] 科特勒，凯勒．营销管理[M]．上海：格致出版社，2009．

[107] Fleischman G，Valentine S. Professionals' Tax Liability Assessments and Ethical Evaluations in an Equitable Relief Innocent Spouse Case [J]．Journal of Business Ethics，2003，42（1）：27—44．

[108] Singhapakdi A. Perceived Importance of Ethics and Ethical Decisions in Marketing[J]．Journal of Business Research，1999，45（1）：89—99．

[109] Wimalasiri JS，Pavri F，Jalil AAK. An Empirical Study of Moral Reasoning Among Managers in Singapore[J]．Journal of Business Ethics，1996，15（12）：1331—1341．

[110] Shafer WE，Morris RE，Ketchand AA. Effects of Personal Values on Auditors' Ethical Decisions[J]．Accounting，Auditing & Accountability Journal，2001，14（3）：254—277．

[111] Serwinek PJ. Demographic & Related Differences in Ethical Views Among Small Businesses[J]．Journal of Business Ethics，1992，11（7）：555—555．

[112] Kracher B, Chatterjee A, Lundquist AR. Factors Related to the Cognitive Moral Development of Business Students and Business Professionals in India and the United States: Nationality, Education, Sex and Gender[J]. Journal of Business Ethics, 2002, 35 (4): 255—268.

[113] Singhapakdi A, Marta JKM, Rao CP. Is Cross—cultural Similarity an Indicator of Similar Marketing Ethics? [J]. Journal of Business Ethics, 2001, 32 (1): 55—68.

[114] Izzo G. Compulsory Ethics Education and the Cognitive Moral Development of Salespeople: A Quasi — Experimental Assessment [J]. Journal of Business Ethics, 2000, 28 (3): 223—241.

[115] Eynon G, Hill NT, Stevens KT. Factors That Influence the Moral Reasoning Abilities of Accountants: Implications for Universities and the Profession[J]. Journal of Business Ethics, 1997, 16 (12/13): 1297—1309.

[116] Honeycutt ED, Siguaw JA, Hunt TG. Business Ethics and Job—Related Constructs: A Cross—cultural Comparison of Automotive Salespeople[J]. Journal of Business Ethics, 1995, 14 (3): 235—248.

[117] Sparks JR, Hunt SD. Marketing Researcher Ethical Sensitivity: Conceptualization, Measurement, and Exploratory Investigation[J]. Journal of Marketing, 1998, 62 (2): 92—109.

[118] Abratt R, Penman N. Understanding Factors Affecting Salespeople's Perceptions of Ethical Behavior in South Africa[J]. Journal of Business Ethics, 2002, 35 (4): 269—280.

[119] McClaren N. Ethics in Personal Selling and Sales Management: A Review of the Literature Focusing on Empirical Findings and Conceptual Foundations[J]. Journal of Business Ethics, 2000, 27 (3): 285—303.

[120] Hoffman KD, Howe V, Hardigree DW. Ethical Dilemmas Faced in the Selling of Complex Services: Significant Others and Competitive Pressures[J]. Journal of Personal Selling & Sales Management, 1991, 11 (4): 13—25.

[121] Murphy WH. In Pursuit of Short — term Goals: Anticipating the Unintended Consequences of Using Special Incentives to Motivate the Sales

Force[J]. Journal of Business Research, 2004, 57 (11): 1265—1275.

[122] Singhapakdi A, Vitell SJ. Personal and Professional Values Underlying the Ethical Judgments of Marketers[J]. Journal of Business Ethics, 1993, 12 (7): 525.

[123] DeConinck J, Lewis W. The Influence of Deontological and Teleological Considerations and Ethical Climate on Sales Managers' Intentions to Reward or Punish Sales Force Behavior[J]. Journal of Business Ethics, 1997, 16 (5): 497—506.

[124] Rallapalli KC, Vitell SJ, Barnes JH. The Influence of Norms on Ethical Judgments and Intentions: An Empirical Study of Marketing Professionals [J]. Journal of Business Research, 1998, 43 (3): 157—168.

[125] Forsyth D. A Taxonomy of Ethical Ideologies[J]. Journal of Personality and Social Psychology, 1980, 39 (1): 175—184.

[126] Forsyth DR. Judging the Morality of Business Practices: The Influence of Personal Moral Philosophies[J]. Journal of Business Ethics, 1992, 11 (5/6): 461—470.

[127] Tansey R, Brown G, Hyman MR, et al. Personal Moral Philosophies and the Moral Judgments of Salespeople[J]. Journal of Personal Selling & Sales Management, 1994, 14 (1): 59—75.

[128] Barnett T, Bass K, Brown G, et al. Ethical Ideology and the Ethical Judgments of Marketing Professionals[J]. Journal of Business Ethics, 1998, 17 (7): 715—723.

[129] Kim Y. Ethical Standards and Ideololgy Among Korean Public Relations Practitioners[J]. Journal of Business Ethics, 2003, 42 (3): 209—223.

[130] Singhapakdi A, Janet KM, Kumar CR, et al. Toward an Understanding of Religiousness and Marketing Ethics: An Empirical Study[J]. Journal of Business Ethics, 2000, 27 (4): 305—320.

[131] Sivadas E, Kleiser SB, Kellaris J, et al. Moral Philosophy, Ethical Evaluations, and Sales Manager Hiring Intentions[J]. The Journal of Personal Selling and Sales Management, 2003, 23 (1): 7—21.

[132] Christie RG, Geis FL. Studies in Machiavellianism[M]. New York: Academic Press, 1970.

[133] Hunt SD, Chonko LB. Marketing and Machiavellianism[J]. Journal of Marketing, 1984, 48 (3): 30—42.

[134] Flynn S, Reichard M, Slane S. Cheating as a Function of Task Outcome and Machiavellianism[J]. Journal of Psychology, 1987, 121 (5): 423—427.

[135] Singhapakdi A, Vitell SJ. Analyzing the Ethical Decision Making of Sales Professionals[J]. Journal of Personal Selling & Sales Management, 1991, 11 (4): 1—12.

[136] Singhapakdi A, Vitell SJ. Marketing Ethics: Factors Influencing Perceptions of Ethical Problems and Alternatives[J]. Journal of Macromarketing, 1990, 10 (1): 4—18.

[137] Singhapakdi A. Ethical Perceptions of Marketers: The Interaction Effects of Machiavellianism and Organizational Ethical Culture[J]. Journal of Business Ethics, 1993, 12 (5): 407—418.

[138] Verbeke W, Ouwerkerk C, Peelen E. Exploring the Contextual and Individual Factors on Ethical Decision Making of Salespeople[J]. Journal of Business Ethics, 1996, 15 (11): 1175—1187.

[139] Hegarty WH, Sims Jr HP. Organizational Philosophy, Policies, and Objectives Related to Unethical Decision Behavior: A Laboratory Experiment [J]. Journal of Applied Psychology, 1979, 64 (3): 331—338.

[140] Jones GE, Kavanagh MJ. An Experimental Examination of the Effects of Individual and Situational Factors on Unethical Behavioral Intentions in the Workplace[J]. Journal of Business Ethics, 1996, 15 (5): 511—523.

[141] Schepers DH. Machiavellianism, Profit, and the Dimensions of Ethical Judgment: A Study of Impact[J]. Journal of Business Ethics, 2003, 42 (4): 339—352.

[142] Razzaque MA, Hwee TP. Ethics and Purchasing Dilemma: A Singaporean View[J]. Journal of Business Ethics, 2002, 35 (4): 307—326.

[143] Botelho LM, Coelho H. Agents That Rationalize Their Decisions[C]. In Proceedings of the the 2nd International Conference on Multi—agent System. AAAI Press/The MIT Press: Kyoto, Japan, 1996: 3—10.

[144] Long B, Driscoll C. Codes of Ethics and the Pursuit of Organizational Legitimacy: Theoretical and Empirical Contributions[J]. Journal of Business Ethics, 2008, 77 (2): 173—189.

[145] Festinger LA. A Theory of Cognitive Dissonance[M]. Evanston, IL: Stanford University Press, 1957.

[146] O'Higgins E, Kelleher B. Comparative Perspectives on the Ethical Orientations of Human Resources, Marketing, and Finance Functional Managers[J]. Journal of Business Ethics, 2005, 56 (3): 275—288.

[147] Simon L, Greenberg J, Brehm J. Trivialization: The Forgotten Mode of Dissonance Reduction[J]. Journal of Personality and Social Psychology, 1995, 68 (2): 247—260.

[148] Chiou WB, Wan CS. Using Cognitive Dissonance to Induce Adolescents' Escaping from the Claw of Online Gaming: The Roles of Personal Responsibility and Justification of Cost[J]. Cyberpsychology & Behavior: The Impact of the Internet, Multimedia and Virtual Reality on Behavior and Society, 2007, 10 (5): 663—670.

[149] Fointiat V. Rationalization in Act and Problematic Behaviour Justification[J]. European Journal of Social Psychology, 1998, 28 (3): 471—474.

[150] Stone TH, Jawahar IM, Kisamore JL. Using the Theory of Planned Behavior and Cheating Justifications to Predict Academic Misconduct [J]. Career Development International, 2009, 14 (3): 221—241.

[151] Chonko LB, Tanner Jr JF, Weeks WA. Ethics in Salesperson Decision Making: A Synthesis of Research Approaches and an Extension of the Scenario Method[J]. Journal of Personal Selling & Sales Management, 1996, 16 (1): 35—52.

[152] Howe V, Hoffman KD, Hardigree DW. The Relationship between Ethical and Customer—oriented Service Provider Behaviors[J]. Journal of Business Ethics, 1994, 13 (7): 497—506.

[153] Honeycutt jr ED, Glassman M, Zugelder MT, et al. Determinants of Ethical Behavior: A Study of Autosalespeople[J]. Journal of Business Ethics, 2001, 32 (1): 69—79.

[154] Kalra A, Shi M, Srinivasan K. Salesforce Compensation Scheme and Consumer Inferences[J]. Management Science, 2003, 49 (5): 655—672.

[155] Victor B, Cullen JB. The Organizational Bases of Ethical Work Climates [J]. Administrative Science Quarterly, 1988, 33 (1): 101—125.

[156] Robertson DC, Anderson E. Control System and Task Environment Effects on Ethical Judgment: An Eeploratory Study of Industrial Salespeople[J]. Organization Science, 1993, 4 (4): 617—644.

[157] Hunt SD, Vasquez — Parraga AZ. Organizational Consequences, Marketing Ethics, and Salesforce Supervision[J]. Journal of Marketing Research (JMR), 1993, 30 (1): 78—90.

[158] Cadogan JW, Lee N, Tarkiainen A, et al. Sales Manager and Sales Team Determinants of Salesperson Ethical Behaviour[J]. European Journal of Marketing, 2009, 43 (7/8): 907—937.

[159] Oliver RL, Anderson E. An Empirical Test of the Consequences of Behavior—and Outcome—based Sales Control Systems[J]. Journal of Marketing, 1994, 58 (4): 53—67.

[160] Victor B, Cullen JB. A Theory and Measure of Ethical Climate in Organizations[J]. In Frederick W. C. Research in Corporate Social Performance and Policy [M]. Greenwich, CT: JAI Press, 1987: 51—71.

[161] Knouse SB, Giacalone RA. Ethical Decision — Making in Business: Behavioral Issues and Concerns[J]. Journal of Business Ethics, 1992, 11 (5/6): 369—377.

[162] Wimbush JC, Shepard JM, Markham SE. An Empirical Examination of the Relationship Between Ethical Climate and Ethical Behavior from Multiple Levels of Analysis [J]. Journal of Business Ethics, 1997, 16 (16): 1705—1716.

[163] Babin BJ, Boles JS, Robin DP. Representing the Perceived Ethical Work Climate Among Marketing Employees[J]. Journal of the Academy of Marketing Science, 2000, 28 (3): 345—358.

[164] Key S. Perceived Managerial Discretion: An Analysis of Individual Ethical Intentions[J]. Journal of Managerial Issues, 2002, 14 (2): 218—233.

[165] Schwarz M. The Nature of the Relationship between Corporate Codes

of Ethics and Behaviour[J]. Journal of Business Ethics, 2001, 32 (3): 247—262.

[166] Valentine S, Barnett T. Ethics Codes and Sales Professionals' Perceptions of their Organizations' Ethical Values[J]. Journal of Business Ethics, 2002, 40 (3): 191—200.

[167] Adams JS, Tashchian A, Stone TH. Codes of Ethics as Signals for Ethical Behavior[J]. Journal of Business Ethics, 2001, 29 (3): 199—211.

[168] McCabe DL, Trevino LK, Butterfield KD. The Influence of Collegiate and Corporate Codes of Conduct on Ethics—related Behavior in the Workplace[J]. Business Ethics Quarterly, 1996, 6 (4): 461—476.

[169] Nwachukwu SLS, Vitell SJ, Jr. The Influence of Corporate Culture on Managerial Ethical Judgments[J]. Journal of Business Ethics, 1997, 16 (8): 757—776.

[170] Sims RL, Keon TL. Determinants of Ethical Decision Making: The Relationship of the Perceived Organizational Environment[J]. Journal of Business Ethics, 1999, 19 (4): 393—401.

[171] Paolillo JGP, Vitell SJ. An Empirical Investigation of the Influence of Selected Personal, Organizational and Moral Intensity Factors on Ethical Decision Making[J]. Journal of Business Ethics, 2002, 35 (1): 65—74.

[172] Beams JD, Brown RM, Killough LN. An Experiment Testing the Determinants of Non—compliance with Insider Trading Laws[J]. Journal of Business Ethics, 2003, 45 (4): 309—323.

[173] Tenbrunsel AE. Misrepresentation and Expectations of Misrepresentation in an Ethical Dilemma: The Role of Incentives and Temptation [J]. Academy of Management Journal, 1998, 41 (3): 330.

[174] Nill A, Schibrowsky JA. The Impact of Corporate Culture, the Reward System, and Perceived Moral Intensity on Marketing Students' Ethical Decision Making[J]. Journal of Marketing Education, 2005, 27 (1): 68—80.

[175] Iryna P, Victor RP, Xiaoni Z. The Role of Virtual Communities as Shopping Reference Groups[J]. Journal of Electronic Commerce Re-

search，2008，9 (2)：114—136.

[176] Zey—Ferrell M，Ferrell OC. Role—set Configuration and Opportunity as Predictors of Unethical Behavior in Organizations [J]. Human Relations，1982，35 (7)：587—602.

[177] Ford RC，Richardson WD. Ethical Decision Making：A Review of the Empirical Literature[J]. Journal of Business Ethics，1994，13 (3)：205—221.

[178] B，Schmidt W. Values and the American Manager：An Update[J]. California Management Review，1984，26 (3)：202—216.

[179] Andersson LM，Bateman TS. Cynicism in the Workplace：Some Causes and Effects[J]. Journal of Organizational Behavior，1997，18 (5)：449—469.

[180] Akaah IP，Riordan EA. Judgments of Marketing Professionals about Ethical Issues in Marketing Research：A Replication and Extension [J]. Journal of marketing research，1989，26 (1)：112—120.

[181] Murphy PR，Smith JE，Daley JM. Executive Attitudes，Organizational Size and Ethical Issues：Perspectives on a Service Industry[J]. Journal of Business Ethics，1992，11 (1)：11—19.

[182] Tse ACB，Au AKM. Are New Zealand Business Students More Unethical than Non—business Students? [J]. Journal of Business Ethics，1997，16 (4)：445—450.

[183] Fu W，Deshpande SP. Factors Impacting Ethical Behavior in a Chinese State—owned Steel Company[J]. Journal of Business Ethics，2012，105 (2)：231—237.

[184] Belk R. Situational Variables and Consumer Behavior[J]. The Journal of Consumer Research，1975，2 (3)：157—164.

[185] Robertson DC，Ross Jr WT. Decision—making Processes on Ethical Issues：The Impact of a Social Contract Perspective[J]. Business Ethics Quarterly，1995，5 (2)：213—240.

[186] Valentine S，Silver L. Assessing the Dimensionality of the Singhapakdi，Vitell，and Kraft Measure of Moral Intensity[J]. Psychological Reports，2001 (88)：291—294.

[187] Singhapakdi A, Vitell SJ, Kraft KL. Moral Intensity and Ethical Decision—making of marketing professionals[J]. Journal of Business Research, 1996, 36 (3): 245—255.

[188] Waldron M. Issue Contingency: A Review of Moral Intensity Components[J]. The Business Review, Cambridge, 2009, 14 (1): 9—16.

[189] Carlson D, Kacmar K, Wadsworth L. The Impact of Moral Intensity Dimensions on Ethical Decision—making: Assessing the Relevance of Orientation[J]. Journal of Managerial Issues, 2009, 21 (4): 534—551.

[190] Wasieleski D, Hayibor S. Breaking the Rules: Examining the Facilitation Effects of Moral Intensity Characteristics on the Recognition of Rule Violations[J]. Journal of Business Ethics, 2008, 78 (1—2): 275—289.

[191] McMahon JM, Harvey RJ. An Analysis of the Factor Structure of Jones' Moral Intensity Construct[J]. Journal of Business Ethics, 2006, 64 (4): 381—404.

[192] Janet KMM, Anusorn S. Comparing Thai and US Businesspeople: Perceived Intensity of Unethical Marketing Practices, Corporate Ethical Values, and Perceived Importance of Ethics[J]. International Marketing Review, 2005, 22 (5): 562.

[193] Tsalikis J, Seaton B, Shepherd P. Relative Importance Measurement of the Moral Intensity Dimensions[J]. Journal of Business Ethics, 2008, 80 (3): 613—626.

[194] 李春苗. 人际关系协调与冲突解决[M]. 广州: 广东经济出版社, 2001.

[195] 乐国安, 王晓霞, 汪新建. 当前中国人际关系研究[M]. 天津: 南开大学出版社, 2002.

[196] Han Y, Altman Y. Supervisor and Subordinate Guanxi: A Grounded Investigation in the People's Republic of China[J]. Journal of Business Ethics, 2009, 88: 91—104.

[197] Lee DJ, Pae JH, Wong YH. A Model of Close Business Relationships in China (Guanxi)[J]. European Journal of Marketing, 2001, 35 (1/2): 51—69.

[198] Chadee DD，Zhang BY. The Impact of Guanxi on Export Performance：A Study of New Zealand Firms Exporting to China[J]. Journal of Global Marketing，2000，14 (1/2)：129—132.

[199] Leung T，Kee—hung L，Chan R，et al. The Roles of Xinyong and Guanxi in Chinese Relationship Marketing[J]. European Journal of Marketing，2005，39 (5/6)：528—559.

[200] Lovett S，Simmons LC，Kali R. Guanxi Versus The Market：Ethics and Efficiency[J]. Journal of International Business Studies，1999，30 (2)：231—247.

[201] Lee DY，Dawes PL. Guanxi，Trust，and Long—term Orientation in Chinese Business Markets[J]. Journal of International Marketing，2005，13 (2)：28—43.

[202] Zhuang G，Xi Y，Tsang ASL. Power，Conflict，and Cooperation：The Impact of Guanxi in a Chinese Marketing Channel[J]. Industrial Marketing Management，2010，39 (1)：137—149.

[203] Park SH，Luo YD. Guanxi and Organizational Dynamics：Organizational Networking in Chinese Firms[J]. Strategic Management Journal，2001，22 (5)：455—477.

[204] Su CT，Yang ZL，Zhuang GJ，et al. Interpersonal Influence as an Alternative Channel Communication Behavior in Emerging Markets：The Case of China[J]. Journal of International Business Studies，2009，40 (4)：668—690.

[205] EI—Ansary AI，Stern LW. Power Measurement in the Distribution Channel[J]. Journal of Marketing Research，1972，9 (1)：47—53.

[206] K. Tsang EW. Can Guanxi Be a Source of Sustained Competitive Advantage for Doing Business in China? [J]. The Academy of Management Executive，1998，12 (2)：64—73.

[207] 庄贵军．营销渠道中的人际关系与跨组织合作关系：概念与模型[J]. 商业经济与管理，2012，243 (1)：25—33.

[208] 彭茜，庄贵军，周茵．私人关系对销售人员灰色营销行为决策的影响作用：时机的调节作用[J]. 预测，2012，31 (1)：8—13.

[209] Williamson OE. The Mechanisms of Governance[M]. New York：Ox-

ford University Press，1985.

[210] Li PP. The Duality of Crony Corruption in Economic Transition：Toward an Integrated Framework[J]. Journal of Business Ethics，2009，85 (1)：41—55.

[211] Luo Y，Chen M. Does Guanxi Influence Firm Performance? [J]. Asia Pacific Journal of Management，1997，14 (1)：1—3.

[212] Chen NY，Tjosvold D. Guanxi and Leader Member Relationships Between American Managers and Chinese Employees：Open — minded Dialogue as Mediator[J]. Asia Pacific Journal of Management，2007，24 (2)：171—190.

[213] Ordóñez de Pablos P. Western and Eastern Views on Social Networks [J]. Learning Organisation，2005，12 (5)：436—456.

[214] Hung H. Normalized Collective Corruption in a Transitional Economy：Small Treasuries in Large Chinese Enterprises：JBE[J]. Journal of Business Ethics，2008，79 (1—2)：69—83.

[215] Mencl J，May D. The Effects of Proximity and Empathy on Ethical Decision—making：An Exploratory Investigation[J]. Journal of Business Ethics，2009，85 (2)：201—226.

[216] Coleman LJ，Militello J. Gray Marketing[J]. Health Marketing Quarterly，1995，12 (3)：27—35.

[217] Antia KD，Bergen M，Dutta S. Competing with Gray Markets[J]. MIT Sloan Management Review，2004，46 (1)：62—69.

[218] Cross J，Stephans J，Benjamin RE. Gray Markets：A Legal Review and Public Policy Perspective[J]. Journal of Public Policy and Marketing，1990，9 (1)：183—194.

[219] Dean DH. After the Unethical ad：A Comparison of Advertiser Response Strategies[J]. Business and Society Review，2005，110 (4)：433—459.

[220] Wood G. Ethics at the Sales—purchasing Interface A Case of Doublestandards? [J]. Journal of Marketing Practice，1995，1 (3)：21—38.

[221] 庄贵军．论灰市场营销[J]. 北京商学院学报，1997(2)：36—39，64.

[222] 崔兆鸣．委托—代理关系中的“回扣”式道德风险的分析[J]. 经济科

学，2000(2)：28－37.

[223] 张春霖．存在道德风险的委托代理关系：理论分析及其应用中的问题[J]．经济研究，1995(8)：3－8.

[224] 庄贵军．论回扣的营销效果[J]．财贸经济，1996(7)：42－44.

[225] 庄贵军．不可小视的“灰色营销”[J]．价格与市场，2002(3)：25－26.

[226] Nichols PM. Outlawing Transnational Bribery through the World Trade Organization[J]. Law & Policy in International Business，1997，28 (2)：305－386.

[227] 樊纲．灰市场理论[J]．经济研究，1988(8)：3－11.

[228] 郑耀东．回扣的简单模型和市场规模[J]．学术论坛，1995(3)：22－27.

[229] 宁一非．产权与回扣的关系——从经营方式看回扣的产生与根治[J]．重庆商学院学报，2001(5)：7－9.

[230] 吕景春，庄核．“回扣”及其后果：作为一种负效应的经济学分析[J]．中南财经大学学报，2000(3)：30－34.

[231] 赵弘，郝旭光．论回扣经济[J]．财贸经济，1995(1)：46－49.

[232] Hegarty WH，Sims Jr HP. Some Determinants of Unethical Decision Behavior：An Experiment[J]. Journal of Applied Psychology，1978，63 (4)：451－457.

[233] D'Souza C. An Influence of Gift－giving within Asia Business Culture [J]. Asia Pacific Journal of Marketing Logistics，2003，15 (1/2)：27－38.

[234] Ramsey J. No Bribes，Please，We're Professionals[J]. Purchasing and Supply Management，1989，19 (12)：31－33.

[235] Halvorson P，Rudelius W. Is There a Free Lunch? [J]. Journal of Marketing，1977，41 (1)：44－49.

[236] Rudelius W，Buchholz RA. Ethical Problems of Purchasing Managers [J]. Harvard Business Review，1979，57 (2)：8－14.

[237] Dubinsky AJ，Gwin JM. Business Ethics：Buyers and Sellers[J]. Journal of Purchasing and Materials Management，1981，17 (4)：9－16.

[238] Browning J，Zabriskie NB. How Ethical are Industrial Buyers? [J].

Industrial Marketing Management，1983，12 (4)：219－224.

[239] Hite R，Bellizzi JA. Salespeople's Use of Entertainment and Gifts[J]. Industrial Marketing Management，1987，16 (4)：279－285.

[240] Narayanam D. The Right Stuff[J]. Purchasing and Supply Management，1992(10)：25－26.

[241] Arkingstall D. Ethics in Practice：What is "Acceptable" to the Buyers of Tomorrow? [J]. Purchasing and Supply Management，1994，(10)：12－13.

[242] Turner GB，Taylor GS，Hartley MF. Ethics Policies and Gratuity Acceptance by Purchasers[J]. International Journal of Purchasing and Materials Management，1994，30 (3)：43－47.

[243] 胡荣，陈圻，袁鹏. 企业采购回扣等现象的三方动态博弈分析[J]. 价值工程，2006，25(2)：96－99.

[244] 彭茜，庄贵军. 行为合理化对销售人员灰色营销行为倾向的影响[J]. 管理科学，2012，25 (1)：272－279.

[245] Reidenbach RE，Robin DP. Toward the Development of a Multidimensional Scale for Improving Evaluations of Business Ethics[J]. Journal of Business Ethics，1990，9 (8)：639－653.

[246] Sparks J，Pan Y. Ethical Judgments in Business Ethics Research：Definition，and Research Agenda[J]. Journal of Business Ethics，2010，91 (3)：405－418.

[247] Cohen J，Pant L，Sharp D. A Validation and Extension of a Multidimensional Ethics Scale[J]. Journal of Business Ethics，1993，12 (1)：13－26.

[248] Reidenbach RE，Robin DP. A Comment on a Multidimensional Scale for Measuring Business Ethics：A Purification and Refinement[J]. Journal of Business Ethics，1993，12 (8)：663－664.

[249] Chen CC，Chen Xp. Negative Externalities of Close Guanxi within Organizations：APJM[J]. Asia Pacific Journal of Management，2009，26 (1)：37－53.

[250] Fleming DM，Chow CW，Su W. An Exploratory Study of Chinese Accounting Students' and Auditors' Audit－specific Ethical Reason-

ing[J]. Journal of Business Ethics，2010，94 (3)：353－369.

[251] Redfern KD，Ho C. Toward a Multi－dimensional Understanding of Guanxi：A Study of Business Ethics in the Chinese Banking Industry [J]. The Business Review，Cambridge，2009，12 (2)：38－43.

[252] 彭茜，庄贵军，郭艳霞．灰色营销的道德评价和行为倾向——参考群体的影响[J]. 管理科学，2009，22 (3)：57－64.

[253] Valentine S，Barnett T. Perceived Organizational Ethics and the Ethical Decisions of Sales and Marketing Personal[J]. Journal of Personal Selling & Sales Management，2007，27 (4)：373－388.

[254] Tull DS，Hawlins DI. Marketing Research：Measurement and Method[M]. New York：Macmillan Pubilshing Co. Inc.，1980.

[255] 吴雁平．调查问卷的一般格式、版式与设计程序[J]. 档案管理，2005 (5)：36－37.

[256] Alreck PL，Settle RB. The Survey Research Handbook：Guidelines and Strategies for Conducting a Survey [M]. Hinsdale：Irwin，1995.

[257] Churchill GA. A Paradigm for Developing Better Measures of Marketing Constructs[J]. Journal of Marketing Research，1979，16 (1)：64－73.

[258] 侯杰泰，温忠麟，成子娟．结构方程模型及其应用[M]. 北京：教育科学出版社，2004.

[259] Boomsma A，Hoogland JJ. The Robustness of LISREL Modeling Revisited[J]. Structural Equation Modeling：Present and future，2001：139－168.

[260] MacCallum RC，Browne MW，Sugawara HM. Power Analysis and Determination of Sample Size for Covariance Structure Modeling[J]. Psychological Methods，1996，1 (2)：130－149.

[261] Fornell C，Larcker DF. Evaluating Structural Equation Models with Unobservable Variables and Measurement Error[J]. Journal of Marketing Research，1981，18 (1)：39－50.

[262] Nunnally JC，Berstein IH. Psychometric Theory[M]. New York：McGraw－Hall，1994.

[263] Churchill GA. An Investigation into the Determinants of Customer Satisfac-

tion[J]. Journal of Marketing Research，1982，19 (4)：491—504.

[264] Armstrong JS，Overton TS. Estimating Nonresponse Bias in Mail Surveys[J]. Journal of Marketing Research (JMR)，1977，14 (3)：396—402.

[265] 庄贵军，席西民．中国营销渠道中私人关系对渠道权力使用的影响[J]. 管理科学学报，2004，7 (6)：52—62.

[266] Weeks WA，Loe TW，Chonko LB，et al. The Effect of Perceived Ethical Climate on the Search for Sales Force Excellence[J]. Journal of Personal Selling & Sales Management，2004，24 (3)：199—214.

[267] Schwepker Jr CH. Understanding Salespeople's Intention to Behave Unethically：The Effects of Perceived Competitive Intensity，Cognitive Moral Development and Moral Judgment[J]. Journal of Business Ethics，1999，21 (4)：303—316.

[268] 陈晓萍，徐淑英，樊景立．组织与管理研究的实证方法[M]. 北京：北京大学出版社，2008.

[269] Churchill GA. A Paradigm for Developing Better Measures of Marketing Constructs[J]. Journal of Marketing Research，1979，16 (1)：64—73.

[270] 薛薇．统计分析与 SPSS 的应用[M]. 北京：中国人民大学出版社，2001.

[271] Hair Jr JF，Anderson RE，Tatham RL，et al. Multivariate Data Analysis[M]. New York：Prentice—Hall International Inc.，1995.

[272] Kline RB. Principles and Practice of Structural Equation Modeling [M]：New York：The Guilford Press，2005.

[273] 吴明隆．SPSS统计应用实务：问卷分析与应用统计[M]. 北京：科学出版社，2003.

[274] Bagozzi RP，Yi Y. On the Evaluation of Structural Equation Models [J]. Journal of the Academy of Marketing Science，1988，16 (1)：74—94.

[275] Novick M，Lewis C. Coefficient Alpha and the Reliability of Composite Measurements[J]. Psychometrika，1967，32 (1)：1—13.

[276] Gerbing D，Anderson J. An Updated Paradigm for Scale Development Incorporating Unidimensionality and Its Assessment[J]. Journal of

Marketing Research，1988，25 (2)：186－192.

[277] Nunnally J. Psychometric Theory [M]. New York：McGraw－Hill，1978.

[278] Haynes SN，Richard D，Kubany ES. Content Validity in Psychological Assessment：A functional Approach to Concepts and Methods[J]. Psychological Assessment，1995，7 (3)：238.

[279] Campbell D，Fiske D. Convergent and Discriminant Validation by the Multitrait－multimethod Matrix [J]. Psychological Bulletin，1959，56 (8)：1－105.

[280] Hulland J. Use of Partial Least Squares (PLS) in Strategic Management Research：A Review of Four Recent Studies[J]. Strategic Management Journal，1999，20 (2)：195－204.

[281] Fornell C，Larker D. Structural Equation Modeling and Regression：Guidelines for Research Practice[J]. Journal of Marketing Research，1981，18 (1)：19－50.

[282] 周浩，龙立荣. 共同方法偏差的统计检验与控制方法[J]. 心理科学进展，2004，12 (6)：942－950.

[283] 刘军. 管理研究方法：原理与应用[M]. 北京：中国人民大学出版社，2008.

[284] Podsakoff PM，MacKenzie SB，Lee J－Y，et al. Common Method Biases in Behavioral Research：A Critical Review of the Literature and Recommended Remedies[J]. Journal of Applied Psychology，2003，88 (5)：879－903.

[285] Podsakoff PM，Organ DW. Self－reports in Organizational Research：Problems and Prospects[J]. Journal of Management，1986，12 (4)：531－544.

[286] Sanchez JI，Brock P. Outcomes of Perceived Discrimination Among Hispanic Employees：Is Diversity Management a Luxury or a Necessity? [J]. Academy of Management Journal，1996，39 (3)：704－719.

[287] Lindell MK，Whitney DJ. Accounting for Common Method Variance in Cross－sectional Research Designs[J]. Journal of Applied Psychology，2001，86 (1)：114－121.

[288] William LJ, Anderson SE. Job Satisfaction and Organizational Commitment as Predictors of Organizational Citizenship and in-role Behaviors[J]. Journal of Management, 1991, 17 (3): 601—617.

[289] Wulf KD, Odekerken—Schrder G, Iacobucci D. Investments in Consumer Relationships: A Cross—country and Cross—industry Exploration[J]. Journal of Marketing, 2001, 65 (4): 33—50.

[290] Morgan RM, Hunt SD. The Commitment—trust Theory of Relationship Marketing[J]. The Journal of Marketing, 1994, 58 (3): 20—38.

[291] Singer MS, Singer AE. Observer Judgments about Moral Agents' Ethical Decisions: The Role of Scope of Justice and Moral Intensity [J]. Journal of Business Ethics, 1997, 16 (5): 473—484.

[292] Shapeero M, Koh HC, Killough LN. Underreporting and Premature Sign— off in Public Accounting[J]. Managerial Auditing Journal, 2003, 18 (6/7): 478—489.

[293] Richardson HS. Specifying Norms as a Way to Resolve Concrete Ethical Problems[J]. Philosophy and Public Affairs, 1990, 19 (4): 279—310.

[294] Schwartz MS. "Corporate Efforts to Tackle Corruption: An Impossible Task?" The Contribution of Thomas Dunfee [J]. Journal of Business Ethics, 2009, 88 (4): 823—832.